서구로 보낸 유학 경전 3
구훙밍(辜鴻銘)의 영역(英譯) 『대학』

『대학』의 신기원

전통유학의 '고등교육' 원리

신창호

박영story

머리말

이 책은 구훙밍(辜鴻銘, 1857~1928)이 영어로 번역한 유학 경전 가운데 『대학』을 재해석한 것이다. 대본으로는 '辜鴻銘 英譯, 王京濤 評述, 『辜鴻銘英譯經典 : 大學中庸(中英雙語評述本)』(中華書局出版, 2017)'을 활용하였다.

구훙밍은 중국 근대의 저명한 학자다. 동서양의 학문에 조예가 깊었고, 영어, 프랑스어, 독일어 등 여러 언어에 능통하였다. 그는 『논어』(1898)·『중용』(1906)·『대학』(1915)을 번역한 최초의 중국인이다. 영문으로 번역한 이유는 간단하다. 20세기를 전후한 격동의 시대에 중국의 문명과 유학 사상을 서구에 전파하기 위해서였다.

구훙밍이 유학의 경전을 영어로 번역하기 이전, 유학 경전의 영문 번역은 서양 선교사들에 의해 이루어졌다. 특히, 『대학』과 『중용』은 『논어』를 비롯한 다른 유학 경전에 비해 번역본이 적은 편이었다. 초기의 번역은 영국의 선교사에 의해 이루어졌는데, 1812년 모리슨(Robert Morrison, 1782~1834)과 1828년 마셔만(Joshua Marshman, 1768~1837)에 의해 출간되었다. 모리슨의 경우, 영국의 런던선교회에서 중국에 파견한 최초의 개신교 선교사다. 말레이시아 말라카에 외국인에 의한 최초의 신학문 학교인 영화학당을 세우고 인쇄소를 설립하여 정기간행물을 발행하였다. 그리고 1828년 콜리에(David Collie)가 '사서(四書) 번역본'을 출간했고, 1861년 레게(James Legge,

1815~1897)가 집대성한 『중국경전(中國經典)』, 이른바 '차이니스 클래식(Chinese Classic)'의 제1권에 『대학』, 『중용』, 『논어』가 포함되었다.

구홍밍은 서구 문화에 정통했다. 하지만 중국 문화가 서구 문화보다 우월하다는 생각을 지울 수 없었다. 그것은 동양 문화에 대한 자부심이자 자긍심이기도 했다. 동서 학문의 핵심을 관통하고 있었던 만큼, 그는 세계 문명을 객관적으로 바라보려는 고민에 휩싸였다. 무엇보다도 중국의 문화를 비롯한 동양 문명을 폄하했던 서구인들을 향해, 문명을 새롭게 인식하는 계기를 제공하고 싶었다. 그 열망이, 희망과 소망을 넘어 현실로 드러난 것이 이 작품이다. 드디어 유학 사상이 중국인 자신에 의해 서구로 건너가게 된 것이다.

이렇게 유학이 서구로 간 까닭은 무엇일까? 구홍밍은 『대학』을 영역하면서 다음과 같은 의견을 보이기도 했다.

"『대학』에 대해 제임스 레게(James Legge)는 '위대한 학문(Great Learning)'이라고 했다. 하지만 『대학』은 '고등교육의 양식'이고, 『중용』은 '보편적 질서 또는 삶의 행위 지침'이다. 두 경전은 공자 학설, 즉 유학의 가르침 가운데 핵심을 구성한다. 1906년 『중용』 번역서를 처음 출판했을 때, 『대학』도 함께 출판하고 싶었다. 하지만 번역이 만족스럽지 않았다. 이제 이 책을 교육에 관심 있는 사람들에게 추천하려고 한다. 글의 맥락을 더욱 분명히 하기 위해, 중국의 위대한 주석가 주희(朱熹)가 설정한 『대학장구』의 순서에 의거하지 않고, 별도로 조정하여 레게가 설정한 순서를 따랐다. 이 책은 〈공자의 텍스트〉와 〈주석〉 두 부분으로 구성하였다."

1915년에 『대학』이 영어 번역본으로 출간되었으니, 세상에 선보인 지 100년이 지났다. 이제 이 책의 독자는 서구의 학자뿐만이 아니다. 유교 문화를 생소하게 여기는 모든 사람들이 읽기를 권장한다. 특히, 유학을 정치와 교육의 철학으로 이해할 때, 동양의 정치와 교육에 관심 있는 사람들에게 새로운 시선으로 접근하기를 소망한다. 무엇보다도 중국 전통 유학의 특수한 용어를 과감하게 번안하여, 현대 학술이나 교양 수준에서 익숙한 사물의 명칭을 드러냈다는 점에서 더욱 그러하다. 예를 들면, 『대학(大學)』을 '큰 배움(Great Learning)'이라 하지 않고 '고등교육(Higher Education)'으로 번안하였다.

이 번역을 처음 접했을 때, 나는 매우 흥분했다. 약간 멍한 충격도 가미됐다. 바로 내가 그토록 찾던 번역술이었기 때문이다. 정말이지, '획기적인 사실로 말미암아 새롭게 전개'되는 신기원으로 보였다. 그래서 책 제목도 『대학의 신기원』으로 붙였다.

책의 구성은 경전의 원문(原文)을 먼저 제시하고, 원문에 대한 직역(直譯), 구훙밍의 번안(飜案), 마지막에 해설(解說)을 붙였다. 해설에는 구훙밍의 원래 코멘트도 있고 내가 직접 붙인 글도 있다. 뒷부분에는 구훙밍의 영역본 원문을 수록하여 참고할 수 있도록 했다. 그리고 원고의 분량이 좀 부족하다고 판단되어, 구훙밍의 해설을 이해하는 데 도움도 주고 책의 규모도 안배할 겸, 뒷부분에 내용을 추가하였다. 『대학』의 교육사상을 전체적으로 이해할 수 있도록 기존에 출간한 '『대학』 유교의 지도자 교육철학(2010)'과 '『대학』 왜 고등학문의 바탕인가-주자학의 시선(2020)' 가운데 '3강령 8조목'을 교육학적 시선에서 정돈한 글을 수록하였다.

초고정리를 도와준 강영순 선생에게 감사한다. 강 선생은 중국 연변대 교수를 지냈고, 현재 나의 지도 아래 고려대 대학원에서 박사논문을 준비 중이다. 2019년 1월 내가 중국 상해(上海)의 어느 고서점에서 책을 구해 와서 함께 정리하며, 중국 관련 자료를 확인하는 과정에서 많은 도움을 받았다. 관심 있는 독자들이 이 책을 통해, 『대학』에 대한 사유의 지평을 확장하고, 폭넓은 시선으로 유학에 접근하는 계기가 되기를 소망한다.

2020. 11. 입동절(立冬節)

신창호

차례

『대학』

고등교육(Higher Education)

구홍밍의 서언

이 글은 유가(儒家)의 성경(聖經)인 사서(四書: 『대학, 『논어』, 『맹자』, 『중용』) 가운데 『대학』을 새롭게 번역한 것이다.

제임스 레게(理雅各, James Legge) 박사는 『대학』을 '위대한 학문'이라 일컬었다. 『대학』은 '고등교육의 방법'이고 『중용』은 '보편 질서 또는 일상의 지침'으로 인생을 지도하는 경전이다. 이 둘은 모두 공자학설의 가르침 체계에서, '머리를 장식하는 책'에 해당한다.

몇 년 전(1906년)에 『중용』의 영역본을 처음 출판했을 때, 나의 목적은 이 두 책을 함께 출간하는 것이었다. 하지만 번역을 해놓고 보니, 나의 번역 기준에 부합할 정도로 만족스럽지 않았다. 나의 얕은 견해 탓이지만, 이제 새로 번역한 이 책은 출판해도 될 듯하다. 아직도 부족한 부분이 많고 위험하지만, 이 책을 중국 또는 세계의 교육에 관심 있는 사람들에게 조심스럽게 추천한다.

글의 맥락을 더욱 분명하게 드러내기 위해, 나는 위험을 무릅쓰고 중국의 위대한 주석가 주희(朱熹, 1130~1200)가 편찬한 『대학장구』의 체계를 조정했다. 대신, 제임스 레게 박사가 번역하며 설정한 순서에 따랐다.

이 책은 '공자의 텍스트'와 '텍스트에 관한 주석'의 두 부분으로 구성하였다.

1915년 베이징에서

구홍밍

제1장

공자의 텍스트

大學之道, 在明明德, 在親民, 在止於至善.
知止而后有定, 定而后能靜, 靜而后能安, 安而后能慮, 慮而后能得.

직역 대학의 도(道)는 명덕(明德)을 밝힘에 있으며, 백성을 새롭게 함에 있으며, 지선(至善)에 그침에 있다.
그칠 데를 안 뒤에 정해짐이 있으니, 정한 뒤에 고요할 수 있고, 고요한 뒤에 편안할 수 있고, 편안한 뒤에 생각할 수 있고, 생각한 뒤에 얻을 수 있다.

번안 고등교육의 목표는 인간의 본성에 고유한 지혜의 도덕적 역량을 분명하게 드러내는 데 있다. 그 목표는 더욱 새롭고 더욱 좋은 인민의 사회를 건설하는 데 있고, 최고의 미덕을 준수하는 데 있다.
인간은 미덕에 관한 기준이 있어야만 비로소 확고한 목적을 갖게 되고, 확고한 목적이 있은 다음에야 조용하고 안정된 마음이 있게 되며, 조용하고 안정된 마음이 있은 다음에야 심신의 영혼이 안정을 찾으며, 심신의 영혼이 안정됨이 있은 다음에야 깊이 있고 엄숙한 사고를 할 수 있으며, 깊이 있고 엄숙한 사고를 함이 있은 다음에야 인간은 진정한 수양을 획득할 수 있다.

해설 이는 『대학』「경」 1장의 첫 두 구절(①②)이다. 『대학』의 「경」 1장은 대개 다음과 같이 7절로 나눈다.

①大學之道, 在明明德, 在親民, 在止於至善. ②知止而后有定, 定而后能靜, 靜而后能安, 安而后能慮, 慮而后能得. ③物有本末, 事有終始, 知所先後, 則近道矣. ④古之欲明明德於天下者, 先治其國; 欲治其國者, 先齊其家; 欲齊其家者, 先修其身; 欲修其身者, 先正其心; 欲正其心者, 先誠其意; 欲誠其意者, 先致其知, 致知在格物. ⑤物格而后知至, 知至而后意誠, 意誠而后心正, 心正而后身修, 身修而后家齊, 家齊而后國治, 國治而后天下平. ⑥自天子以至於庶人, 壹是皆以修身爲本. ⑦其本亂而末治者否矣. 其所厚者薄, 而其所薄者厚, 未之有也!

대학(大學)은 전통적으로 세 가지 의미로 해석된다. 첫째, 국가의 최고 교육기관인 태학(太學), 둘째, 태학에서 배우고 익히는 학문 내용이나 교육의 이념, 셋째, 책의 명칭으로 『대학』이다.

구홍밍은 '대학(大學)'을 단순하게 '큰 배움'이나 '위대한 학문'이 아니라, 뚜렷하게 근대 교육적 의미를 녹여 넣어 '고등교육'으로 명명했다. 명덕(明德)은 '지혜'나 '도덕적 역량'으로 이해했고, 민(民)은 단순하게 백성 차원의 국민이 아니라 '인민의 사회'로 포괄했으며, 지선(至善)은 '최고의 미덕'으로 풀이했다.

다시 강조하면, 『대학』이 추구하는 교육의 목적을 매우 구체적으로 지시하는 형식으로 번안했다. 고등교육의 목적은 첫째, 개인이 고유하게 지닌 도덕을 변별하는 능력을 발현하는 작업이다. 둘째, 한 사회가 지향하는 모범적 인물, 총명하고 지혜로운 인물을 양성하는 데 두었다. 개인의 수양과 완성을 바탕으로 사회를 개혁하고 창조해 나갈 수 있는 새로운 인재를 배양하는 사업인 셈이다.
이하 『대학』에 등장하는 교육이나 철학 개념을 근현대적 용어로 번안하여 동서양을 막론하고 보편적 사유를 전개할 수 있도록 인식 활동을 돕고 있다.

주석

1

「康誥」曰:“克明德.”
「太甲」曰: “顧諟天之明命.”
「帝典」曰: “克明峻德.”
皆自明也.

직역 「강고」에서 말했다. “덕(德)을 밝힐 수 있다.”
「태갑」에서 말했다. “이 하늘의 밝은 명령을 돌아본다.”
「제전」에서 말했다. “큰 덕(德)을 밝힐 수 있다.”
이런 기록은 모두가 스스로 밝히는 작업이다.

번안 「강고」에서 말했다. “주(周)나라 문왕(文王)은 자신의 도덕 성품이 지닌 역량을 성공적으로 잘 드러냈다.”
「태갑」에서 말했다. “위대한 제왕인 탕(湯)임금은 하늘이 준 분명한 가르침을 바탕으로 끊임없이 자기 자신을 일깨웠다.”
「제전」에서 말했다. “요임금은 자기 자신이 지닌 도덕 성품의 숭고함을 성공적으로 잘 드러냈다.”
이러한 사람들은 모두 그들의 본성에 고유한 지혜의 도덕적 역량을 잘 드러낸 훌륭한 분들이다.

해설 이 구절은 『대학』「전」 1장으로 경문(經文)의 '명명덕(明明德)'에 관한 해석이다. 「강고」·「태갑」·「제전」은 모두 『서경(書經)』의 편명이다. 구홍밍은 이 구절을 '인간의 본성에 고유한 지혜의 도덕적 역량을 밝게 드러냈다.'라고 설명하였다.

2

湯之「盤銘」曰: "苟日新, 日日新, 又日新."
「康誥」曰: "作新民."
『詩』曰: "周雖舊邦, 其命維新."
是故君子無所不用其極.

직역 탕(湯)임금의 「반명」에서 말했다. "진실로 어느 날에 새로워졌거든 나날이 새롭게 하고, 또 나날이 새롭게 하라."
「강고」에서 말했다. "'새로워지는 백성을 진작(振作)하라."
『시경(詩經)』에서 말했다. "주(周)나라가 비록 오래된 나라지만 그 명(命)이 새롭다."
이 때문에 군자는 그 극(極)을 쓰지 않는 바가 없다.

번안 탕 임금의 「반명」에서 말했다. "매일 새로운 사람이 되려고 하며, 하루하루를 모두 새로운 사람이 되려고 하며, 매번의 하루를 모두 새로운 사람이 되려고 해야 한다."
「강고」에서 말했다. "새로운 사회를 만들자."
『시경』에서 말했다. "주나라는 오래된 나라지만, 새로운 사명을 오히려 그에게 부여했네."
그러므로 어떤 신사(紳士) 분이건 구체적으로 일에 착수하려고 한다면, 그는 언제나 최선을 다해야 한다.

해설 이 구절은 『대학』 「전」 2장으로 경문의 '친민(親民)'을 풀이한 내용이다. 주자는 '친민(親民)'을 '신민(新民)'으로 고쳤다. 그러므로 '신민

(新民)'에 관한 해석이다. 구홍밍은 이 구절을 '더욱 새롭고 더욱 좋은 사회를 건설해야 하는 의미에 내포된 뜻'이라고 설명하였다.

3

『詩』云: "邦畿千里, 惟民所止."
『詩』云: "緡蠻黃鳥, 止于丘隅." 子曰: "於止, 知其所止, 可以人而不如鳥乎!"
『詩』云: "穆穆文王, 於緝熙敬止!" 爲人君, 止於仁; 爲人臣, 止於敬; 爲人子, 止於孝; 爲人父, 止於慈; 與國人交, 止於信.
『詩』云: "瞻彼淇澳, 菉竹猗猗. 有斐君子, 如切如磋, 如琢如磨. 瑟兮僩兮, 赫兮喧兮. 有斐君子, 終不可諠兮!" 如切如磋者, 道學也. 如琢如磨者, 自修也. 瑟兮僩兮者, 恂慄也. 赫兮喧兮者, 威儀也. 有斐君子, 終不可諠兮者, 道盛德至善, 民之不能忘也.
『詩』云: "於戲, 前王不忘!" 君子賢其賢而親其親, 小人樂其樂而利其利, 此以沒世不忘也.

직역 『시경』에서 말했다. "나라의 기내(畿內) 천리(千里)여, 백성이 멈추어 사는 곳이니라."
『시경』에서 말했다. "우짖는 노란 새여, 언덕 모퉁이에 멈추도다." 공자께서 말씀하셨다. "그칠 때 그 그칠 곳을 아니, 사람으로서 새만 못해서야 되겠는가!"
『시경』에서 말했다. "덕이 깊고 원대한 문왕이여, 아! 계속하여 밝히고 공경함에 그쳤도다!" 사람의 임금이 되어서는 인(仁)에 그치고, 신하가 되어서는 경(敬)에 그치고, 자식이 되어서는 효(孝)에 그치고, 부모가 되어서는 자(慈)에 그치고, 나라 사람과 더불어 사귐에는 신(信)에 그쳤다.
『시경』에서 말했다. "저 기수(淇水) 모퉁이를 보니, 푸른 대나무가 무성하구나. 빛나는 군자여, 잘라놓은 듯하고, 갈아놓은 듯하며, 쪼아놓은 듯하고, 갈아놓은 듯하다. 엄밀하고 굳세며, 빛나고 점잖도다. 빛나는 군자여, 끝내 잊을 수 없도다." '잘라놓은 듯하고, 갈아놓은 듯하다'는 학문을 말한 것이고, '쪼아놓은 듯하고, 갈아놓은 듯하다'는 스스로 행실을 닦음이며, '엄밀하고 굳세다'는 마음이 두려워함이고, '빛나고 점잖도다'는 겉으로 드러나는 위의며, '빛나는 군자여, 끝내 잊을 수 없도다'는 말은 성덕(盛德)과 지선(至善)을 갖추고 있는 군자를 백성이 잊지 못함을 말한 것이다.
『시경』에서 말했다. "아아! 전왕(前王)을 잊지 못하도다!" 군자는 그 어짊을 어질게 여기고, 그 친한 이를 친밀하게 여기며, 소인은 그 즐겁게 해줌을 즐거워하고, 그 이롭게 해줌을 이롭게 여기니, 이 때문에 세상에 없어져도 잊지 못하는 것이다.

번안 『시경』에서 말했다. "제국의 땅이 광활한 천리이니 인민이 집에 거주하여 각기 살 곳이 있네."
『시경』에서 말했다. "꾀꼴 꾀꼴 꾀꼬리가 산기슭에서 둥지를 찾았네." 공자가 이 시를 평론하여 말했다. "머무를 곳을 찾는 데 작은 새라고 할지라도 어떻게 선택하는지를 아는데, 하물며 사람이 작은 새보다 총명하지 않겠는가?"
『시경』에서 말했다. "얼마나 진지한가, 문왕이시여! 아! 그는 불타는 열정으로 이상을 실현하였네." 통치자로서 그의 이상은 백성을 보호하는 일이다. 신하와 백성으로서 그의 이상은 권위를 존중하는 일이다. 자식으로서 그의 이상은 효성을 다하는 자식이 되는 것이다. 부모로서 그의 이상은 아이들에게 자애로운 것이다. 그의 동포들과 왕래

할 때 그의 이상은 충실과 성심을 다하는 일이다.
『시경』에서 말했다.

저 강물이 어디에서 굽이지는지를 보라
가지런한 푸른 대나무 빛나고 선명하네
얼마나 매력적인가, 우리의 임금이시여!
정성들여 두드리고 갈아 만든 상아 같고
또 한 번 한 번 다듬고 다듬어서 보석 같네
아! 그는 얼마나 빛나고 장엄한가
아! 정중하면서 품위가 비범하구나
얼마나 매력적인가, 우리의 임금이시여!
아! 그 성대하고 빛남은 무궁하구나.

'정성들여 두드리고 갈아 만들었다'는 용어는 자신의 지식수준을 높이는데 노력하였음을 가리키는 말이다. '한 번 한 번 다듬고 다듬다'는 용어는 자신이 완벽하게 아름답도록 노력하여 힘썼음을 가리키는 말이다. '그는 얼마나 빛나고 장엄한가'라는 용어는 그의 사상이 엄숙함을 나타내는 말이다. '정중하면서 품위가 비범하구나'라는 용어는 그의 자태가 존귀함을 나타내는 말이다. 마지막으로 '얼마나 매력적인가, 우리의 임금이시여! / 아! 그 성대하고 빛남은 무궁하구나'라는 구절은 위대한 도덕적 품격이 완벽하게 아름다운 경지에 이르면, 백성이 영원히 그를 잊지 못함을 말한 것이다.
『시경』에서 말했다. "아, 이전의 군주들을 잊지 않았구나!" 다소 높은 등급의 사람들은 그들[선왕들]의 위대한 도덕적 품격을 찬양하고 아울러 그들을 열렬히 사랑한다. 다소 낮은 등급의 사람들은 그들의 사업에서 이익을 받았기 때문에 행복해 하고 즐거움을 느낀다. 이와 같이 그들은 영원한 명성을 얻은 것이다.

해설 이 구절은 『대학』「전」3장으로 경문의 '지어지선(止於至善)'에 관한 해석이다. 인용한 시는 위의 순서대로 『시경』의 「상송(商頌)」'현조(玄鳥)', 「소아(小雅)」'면만(綿蠻)', 「대아(大雅)」'문왕(文王)', 「국풍(國風)」'기욱(淇奧)', 「주송(周頌)」'열문(烈文)'에 나온다. 구훙밍은 이 구절을 '인간이 최고의 미덕을 지켜야 한다'는 뜻으로 설명하였다.

제2장

◗ 공자의 텍스트

古之欲明明德於天下者, 先治其國; 欲治其國者, 先齊其家; 欲齊其家者, 先修其身; 欲修其身者, 先正其心; 欲正其心者, 先誠其意; 欲誠其意者, 先致其知, 致知在格物.
物格而后知至, 知至而后意誠, 意誠而后心正, 心正而后身修, 身修而后家齊, 家齊而后國治, 國治而后天下平.

직역 옛날에 명덕(明德)을 천하에 밝히려는 자는 먼저 그 나라를 다스리고, 그 나라를 다스리려는 자는 먼저 그 집안을 가지런히 하고, 그 집안을 가지런히 하려는 자는 먼저 그 몸을 닦고, 그 몸을 닦으려는 자는 먼저 그 마음을 바르게 하고, 그 마음을 바르게 하려는 자는 먼저 그 뜻을 성실히 하고, 그 뜻을 성실히 하려는 자는 먼저 그 지식을 지극히 하였으니, 지식을 지극히 함은 사물의 이치를 궁구하는 데 있다.
사물의 이치가 이른 뒤에 지식이 지극해지고, 지식이 지극해진 뒤에 뜻이 성실해지고, 뜻이 성실해진 뒤에 마음이 바루어지고, 마음이 바루어진 뒤에 몸이 닦아지고, 몸이 닦아진 뒤에 집안이 가지런해지고, 집안이 가지런한 뒤에 나라가 다스려지고, 나라가 다스려진 뒤에 천하가 고르게 된다.

번안 고대의 사람들이 세상 사람들을 교화하고 문명을 촉진하는 사업을 추진하려고 할 때, 먼저 국내 통치를 확고히 하였다. 그것이 치국(治國)이다. 국내 통치를 확고히 하려면, 먼저 가문의 질서가 잡혀야 한다. 그것이 제가(齊家)다. 가문의 질서가 잡히려면, 먼저 적절한 언어 표현을 해야 한다. 그것이 수신(修身)이다. 적절한 언어 표현을 하려면, 먼저 자신의 마음이 정리된 상태여야 한다. 그것이 정심(正心)이다. 자신의 마음을 정리하려면, 먼저 진솔한 사상을 기반으로 삼아야 한다. 그것이 성의(誠意)다. 진솔한 사상을 가지려면, 먼저 지식과 지혜가 있어야 한다. 그것이 치지(致知)다. 지식과 지혜를 가지고 체계적으로 사물을 연구해야 한다. 그것이 격물(格物)이다.

체계적으로 사물을 연구한 이후여야, 오직 그 다음에 지식과 지혜를 얻을 수 있다. 지식과 지혜를 얻은 이후여야만, 그 다음에 진솔한 사상을 가질 수 있다. 진솔한 사상을 가진 이후여야만, 그 다음에 자신의 마음이 정리된 상태가 될 수 있다. 마음이 정리된 이후여야만, 그 다음에 언어 표현이 적절할 수 있다. 언어 표현이 적절한 이후여야만, 그 다음에 가문의 질서가 잡힐 수 있다. 가문의 질서가 잡힌 이후여야만, 그 다음에 국가를 훌륭하게 통치할 수 있다. 국가를 훌륭하게 통치한 이후여야, 오직 그 다음에 세상을 평화롭고 질서 있게 다스리는 이상을 실현할 수 있다.

해설 이는 『대학』「경」1장의 ④⑤절이다. 바로 앞의 ③절인 '物有本末, 事有終始, 知所先後, 則近道矣.'와 ⑥절인 '自天子以至於庶人, 壹是皆以修身爲本.', 그리고 ⑦절인 '其本亂而末治者否矣. 其所厚者薄, 而其所薄者厚, 未之有也!'는 '공자의 텍스트(THE TEXT OF CONFUCIUS)'로 분류하지 않고, 아래의 '주석(COMMENTARY)'의 첫 번째 구절로 배치한 점이 특이하다.

이 구절의 경우, 도덕 정치의 여덟 단계, 또는 교육의 여덟 과정을 나타낸다. 이른바 『대학』의 8조목(八條目)으로, '격물(格物)-치지(致知)-성의(誠意)-정심(正心)-수신(修身)-제가(齊家)-치국(治國)-평천하(平天下)'의 구조다. 구훙밍은 '격물(格物)'을 '사물 연구', '치지(致知)'를 '지식·지혜', '성의(誠意)'를 '진솔한 사상', '정심(正心)'을 '마음의 정리', '수신(修身)'을 '언어 표현', '제가(齊家)'를 '가문의 질서', '치국(治國)'을 '국내 통치', '평천하(平天下)'을 '사회 교화와 문명 촉진'으로 풀이했다.

공부의 체계로 볼 때, 앞 단락인 ④절(欲明明德於天下者……致知在格物)은 8조목의 순서를 역(逆)으로 거슬러 올라가는 공부이고, 뒤 단락인 ⑤절(物格而后知至……國治而后天下平)은 순(順)으로 차례를 따라 미루어나가는 공부다. 다시 말하면, 경문 ④절은 8조목을 위에서 아래로 밀고 내려가는 '역추(逆推)' 공부이고, ⑤절은 8조목을 아래에서 위로 밀고 올라가는, '순추(順推)' 공부다. 동일한 논리는 아니지만, 서구의 연역추리나 귀납추리와 비슷한 구조인 것 같기도 하고, 큰 일에서 작은 일로, 작은 일에서 큰 일로 나아가는 점진적 차례를 신중하면서도 진지하게 보여준다. ④절은 무엇을 먼저 해야 하는지에 대한 지침이라면, ⑤절은 공부의 진행에 따른 효과를 드러낸 것이다.

'역추·순추' 공부의 과정에서, 사물의 이치를 캐물어 나가는 격물은 '지식의 시작' 단계이고, 앎을 제대로 이루는 치지는 '지식의 완성'을 뜻한다. 뜻을 성실하게 하는 성의는 '실행의 시작'이고 마음을 바르게 하는 정심과 수신은 '실행의 완성'이다. 집안을 가지런하게 만드는 제가는 '유추하여 실행하는 일의 시작'이고, 나라를 다스리는 치국과 세상을 화평하게 만드는 평천하는 '유추하여 실행하는 일의 완성' 지점이다. 뜻을 성실히 하고 마음을 바르게 하고 몸을 닦는 일은 '개인적 차원의 실행'이고 집안을 가지런히 하고 나라를 다스리고 세상을 화평하게 만드는 작업은 '국가와 세상의 공동체 차원 실행'이다. 알고 실행함은 유추하여 실행함의 '근본'이고 유추하여 실행함은 알고 실행함의 '효험'이다.

주석

4

4-1

物有本末, 事有終始, 知所先後, 則近道矣. 自天子以至於庶人, 壹是皆以修身爲本. 其本亂而末治者否矣. 其所厚者薄, 而其所薄者厚, 未之有也!

직역 사물에는 근본과 말단이 있고, 일에는 종결과 시작이 있으니, 먼저 하고 나중에 할 일을 알면 도(道)에 가까울 것이다. 천자(天子)로부터 서인(庶人)에 이르기까지 일체 모두 수신(修身)을 근본으로 삼는다. 그 근본이 어지러운데 말단이 다스려지는 자는 없으며, 두텁게 해야 할 일에 얇게 하면서 얇게 해야 할 일에 두텁게 하는 자는 아직까지 있지 않았다.

번안 자연의 질서에는 인과관계가 존재하고, 인간의 일에도 마찬가지로 원인과 결과가 존재한다. 한 사람이 어떤 일에 먼저 힘쓰고 나중에 다른 일을 처리해야 함을 알았다면, 이때 비로소 진리와 멀리 떨어져 있지 않다고 할 수 있다. 군주로부터 최하층의 일반인에 이르기까지 모든 사람이 예외 없이 반드시 먼저 해야 할 일이 있다. 그것은 바로 적절한 언어 표현이고, 모든 일은 이에 기반을 둔다. 기반이 무질서하면 그 위에 세워지는 건물도 질서정연해지기 어렵다. 반드시 필요한 사안에 대해 오히려 소홀히 여기면서, 크게 필요하지 않은 일에 힘쓰는 것은 적절치 않은 태도다.

해설 이 구절은 『대학』「경」 1장의 ③절(物有本末, 事有終始, 知所先後, 則近道矣.)과 마지막 구절인 ⑥절(自天子以至於庶人, 壹是皆以修身爲本.), ⑦절(其本亂而末治者否矣. 其所厚者薄, 而其所薄者厚, 未之有也!)을 엮어서 정돈하였다. 경문에 있던 내용을 전문과 같이 주석으로 배치한 것이 특이하다. 내용의 전개로 이해하면 큰 무리는 없다.

주자(朱子)는 『대학장구』 주석에서 근본과 말단의 내용을 분명하게 제시한다. 근본은 명명덕(明明德)이다. 그것은 개인의 도덕적 분별 능력을 발현하는 작업이다. 말단은 신민(新民)이다. 그것은 인민의 삶을 새롭게 개혁하고 모범적 인재를 배양하는 사회 개조의 차원이다. 명명덕은 개인 차원의 수양교육이고 신민은 공동체 차원의 개혁교육으로 이해할 수 있다. 나무에 비유하면, 근본[本]은 뿌리이고 말단[末]은 가지에 해당한다. 나무의 뿌리가 굳고 튼튼해야 가지가 잘 뻗고 잎이 무성하고 꽃이 화려하게 핀다.

인간의 일에서 시작과 종결의 경우도 신중하게 고려해야 한다. 먼저 바르게 시작해야 나중에 의미 있는 결과를 얻는다. 먼저 바른 길을 알고 그 길을 합리적으로 추구해 나갈 때 제대로 목적지에 도달할 수 있다. 어떤 사안을 처리할 때, 먼저 시발점으로 삼아야 하는 것은, 경문의 ②절(知止而后有定, 定而后能靜, 靜而后能安, 安而后能慮, 慮而后能得.)에서 '지지(知止)'다. 이를 시작으로 해야 종착점에 해당하는 '능득(能得)'

의 결과를 확보할 수 있다. '지지(知止)'는 가장 합당한 도리를 알고 굳게 지킨다는 뜻이고, '능득(能得)'은 가장 합당한 도리에 따라 사물을 처리할 수 있다는 의미다.

먼저 하고 나중에 할 일은 '명덕(明德)'과 '지지(知止)'를 우선적으로 하고, 그것을 바탕으로 뒤에 '신민(新民)'과 '능득(能得)'을 해야 한다.

교육이나 정치를 비롯한, 인간이 관여하는 세계에는 반드시 이러한 '본말(本末)'과 '시종(始終)'과 '선후(先後)'가 있게 마련이다. 그것은 개인적 삶과 인간 사회를 지속 가능한 상황에 놓는 대원칙이다.

4-2

子曰: "聽訟, 吾猶人也. 必也使無訟乎!" 無情者不得盡其辭. 大畏民志, 此謂知本. 此謂知之至也.

직역 공자께서 말씀하셨다. "송사(訟事)를 다루는 일은 나도 남과 같이 한다. 하지만 반드시 백성에게 송사가 없게 하겠다." 진실성이 없는 자가 그 거짓말을 다하지 못하게 해야 한다. 백성의 마음을 크게 두렵게 하는 일, 이를 일러 근본을 안다고 한다. 이를 일러 지식이 지극하다고 하는 것이다.

번안 공자가 말했다. "송사를 판단할 때, 내가 다른 사람보다 잘하는 것은 아니다. 그러나 내가 결심하여 하려는 일은 사람들이 소송에 휘말리지 않도록 하는 것이다. 정당한 이유도 없이 나를 찾아온 사람을 보면, 나는 할 말이 없어진다." 그러므로 공경하면서도 두려워하며 걱정스런 마음으로 국민의 심중을 헤아린다. 이런 것이 바로 지식의 본질이고, 이것이 곧 최고의 지식이다.

해설 이 구절은『대학』「전」4장과 5장을 해설한 글이다. 4장은 근본과 말단의 뜻을 풀이하였고, 5장은 근본을 아는 문제에 대한 강조다. 즉 송사(訟事)를 두고 근본과 말단의 문제를 비유하여 정돈했다.

주자의 주석에 의하면, '백성이 송사를 일으키지 않도록 이끄는 일이 공자의 임무이고, 그것이 근본이다. 그러므로 송사를 들어주는 일은 말단이 된다. 송사를 원천적으로 발생하지 않도록 만드는 일이 근본이고, 송사가 발생했을 때 그것을 들어 주고 잘 처리하는 일이 말단이다.

「전」5장에 해당하는 구절인 "此謂知之至也."에 대해서는 진지하게 고민해야 한다. 주자의 주석에 따르면, 정자(程子)는 이를 '연문(衍文; 쓸데없는 글)'이라 했고, 주자는 '격물보전(格物補傳)'을 통해 주자학의 기원을 여는 엄청난 이론을 창안해 냈기 때문이다.

구흥밍은 공자가 근본을 꿰뚫어보는 혜안을 '지식의 본질'과 '최고의 지식'으로 풀이해 냈다. 결국 지식의 하이라이트는 근본과 말단을 분별해 내는 변별력과 판단력에 있다. 주자의 생각은 이와 다르다. '격물(格物)-치지(致知)'라는 '대상 파악(把握)'과 '장악(掌握)'을 통해 지식을 확보하는, 앎의 과정과 단계를 설정한다.

참고로「전」5장(此謂知之至也.)에 대한 주자의 '격물보전'은 다음과 같다. "間嘗竊取程子之意, 以補之, 曰: 所謂致知在格物者, 言欲致吾之知, 在卽物而窮其理也. 蓋人心之靈, 莫不有知, 而天下之物, 莫不有理, 惟於理, 有未窮. 故其知有不盡也. 是以大學始教, 必使學者, 卽凡天下之物, 莫不因其已知之理而益窮之, 以求至乎其極, 至於用力之久而一旦豁然貫通焉, 則衆物之表裏精粗, 無不到, 而吾心之全體大用, 無不明矣. 此

謂物格, 此謂知之至也.(최근에 내가 일찍이 정자(程子)의 뜻을 가만히 취하여 빠진 부분을 다음과 같이 보충하였다.: 이른바 지식을 다하여 도달함이 사물의 이치를 모조리 캐묻는 데 있다는 것은, 나의 지식을 끝까지 다하려면 사물에 나아가 그 이치를 모조리 캐물음에 있음을 말한다. 사람 마음의 영특함은 지식이 있지 않음이 없고, 세상의 사물은 이치가 있지 않음이 없지만, 다만 이치에 대해 모조리 캐묻지 않음이 있다. 그러므로 그 지식이 다하지 못함이 있다. 이 때문에 대학(大學)에서 처음 가르칠 때 반드시 배우는 자들에게 모든 세상 사물에 나아가서 이미 알고 있는 이치를 바탕으로 더욱 캐물어 들어가 그 끝까지 이르기를 구하지 않음이 없게 하는 것이다. 그리하여 힘쓰기를 오래해서 하루아침에 활연(豁然)히 관통함에 이르면, 모든 사물의 표리(表裏)와 정조(精粗)가 이르지 않음이 없고, 내 마음의 전체(全體)와 대용(大用)이 밝지 않음이 없다. 이를 격물(格物; 사물을 파악함)이라 이르며, 이것을 지지지(知之至; 지식에 도달함)라 이른다.)"

5

所謂誠其意者: 毋自欺也, 如惡惡臭, 如好好色, 此之謂自謙. 故君子必愼其獨也!
小人閒居爲不善, 無所不至, 見君子而后厭然, 揜其不善, 而著其善. 人之視己, 如見其肺肝然, 則何益矣. 此謂誠於中, 形於外. 故君子必愼其獨也.
曾子曰: "十目所視, 十手所指, 其嚴乎!"
富潤屋, 德潤身, 心廣體胖. 故君子必誠其意.

직역 이른바 '그 뜻을 성실히 한다'는 것은 스스로 속이지 않는 일이니, 악(惡)을 미워하기를 악취(惡臭)를 미워하는 것과 같이 하며, 선(善)을 좋아하기를 호색(好色)을 좋아하는 것과 같이 해야 하니, 이를 자겸(自慊)이라 이른다. 그러므로 군자는 반드시 그 홀로를 삼가니라!
소인(小人)이 한가로이 거처할 때 불선(不善)한 짓을 하되 이르지 못하는 바가 없다가, 군자(君子)를 본 뒤에 겸연쩍게 그 불선(不善)함을 가리고 선(善)함을 드러낸다. 사람들이 자기를 보기를 자신의 폐부(肺腑)를 보듯이 할 것이니, 무슨 유익함이 있겠는가. 이를 일러 '마음에 성실하면 겉으로 나타난다.'라 한다. 그러므로 군자는 반드시 그 홀로 있을 때를 삼간다.
증자가 말했다. "열 개의 눈이 보는 바이며, 열 개의 손가락이 가리키는 바이니, 그 무섭구나!"
부(富)는 집을 윤택하게 하고, 덕(德)은 몸을 윤택하게 하니, 마음이 넓어지고 몸이 펴진다. 그러므로 군자는 반드시 그 뜻을 성실히 한다.

번안 이른바 '진솔한 사상을 가진다'라는 말은 스스로를 기만하지 않는 일이다. 어떤 사람이 악취를 싫어하고 아름다운 사물을 좋아하는 것과 같다. 이런 상태가 바로 자아를 초월하는 것이다. 그러므로 신사(紳士: gentleman)라면 언제나 꾸준히 자신의 은밀한 생각들을 살펴야 한다.

비도덕적인 사람이 혼자 있을 때는 어떠한 사악한 일도 마다하지 않다가 신사를 만나면 그는 곧 자신의 얼굴에 가면을 쓰고 자기 마음속의 사악함을 숨기고 속이면서 그의 좋은 일면마저도 팔아넘겨 스스로를 우롱한다. 그러나 사람들은 이미 그러한 모습을 꿰뚫어 본다. 우리의 심장과 폐가 그들의 눈앞에 노출된 것과 같다. 그렇다면 숨기고 속이는 것이 무슨 소용이 있겠는가? 이런 것이 바로 '진솔한 마음은 반드시 밖으로 드러난다!'는 이치다. 그러므로 신사라면 언제나 꾸준히 자신의 은밀한 생각들을 살펴야한다.

공자의 학생 증자가 말했다. "만약 열 개의 눈이 당신을 지켜보고 있고, 열 개의 손가락이 당신을 가리키고 있다는 사실을 알았다면, 이런 상황 자체가 매우 두려워할 만한 일이 아니겠는가?"

재산과 부화로 한 칸의 방안을 꾸밀 수 있고, 도덕적 품격은 한 사람을 꾸며준다. 당신의 마음이 자유롭고 홀가분하다면 몸은 곧 살찔 것이다. 그러므로 신사라면 반드시 진솔한 사상을 가져야 한다.

해설 이 구절은 「전」6장에 해당하는데, 8조목 가운데 '성의(誠意)'를 풀이하였다. 이는 주자가 임종(臨終) 3일 전까지 주석을 고쳤다고 할 정도로, 『대학』의 내용 가운데 그 무엇보다도 중요한 부분이다. 주자는 경문④(古之欲明明德於天下者, 先治其國; 欲治其國者, 先齊其家; 欲齊其家者,

先修其身; 欲修其身者, 先正其心; 欲正其心者, 先誠其意; 欲誠其意者, 先致其知, 致知在格物.)를 풀이하면서, "明明德於天下者, 使天下之人, 皆有以明其明德也. 心者, 身之所主也. 誠, 實也, 意者, 心之所發也, 實其心之所發, 欲其必自慊而無自欺也. 致, 推極也, 知, 猶識也, 推極吾之知識, 欲其所知無不盡也. 格, 至也, 物, 猶事也, 窮至事物之理, 欲其極處無不到也.(명덕(明德)을 세상에 밝힌다는 것은 세상 사람에게 모두 그 명덕(明德)을 밝힘이 있게 하는 일이다. 심(心)은 몸의 주장하는 바이다. 성(誠)은 성실함이고, 의(意)는 마음의 펼치는 바이니, 그 마음의 펼치는 바를 성실히 하여, 반드시 스스로 만족하고 스스로 속임이 없으려는 것이다. 치(致)는 미루어 끝까지 이르는 일이고, 지(知)는 식(識)과 같으니, 나의 지식(知識)을 미루어 끝까지 이르러 그 아는 바가 다하지 않음이 없으려는 것이다. 격(格)은 이름이고, 물(物)은 사(事)와 같으니, 사물의 이치를 모조리 캐물어 그 끝나는 곳에 이르지 않음이 없으려는 것이다.)"로 정돈해 냈다.

특히, "心者, 身之所主也. 誠, 實也, 意者, 心之所發也, 實其心之所發, 欲其必自慊而無自欺也.(심(心)은 몸의 주장하는 바이다. 성(誠)은 성실함이고, 의(意)는 마음의 펼치는 바이니, 그 마음의 펼치는 바를 성실히 하여, 반드시 스스로 만족하고 스스로 속임이 없으려는 것이다.)" 가운데 '欲其一於善(한결같이 선하려는)'으로 되어있던 부분을 '欲其必自慊(반드시 스스로 만족하려는)'으로 개정하기까지, 온힘을 바쳐 최선을 다하였다.

구홍밍은 '군자(君子)'를 도덕성을 갖춘 사람인 '신사(紳士)'로, '소인(小人)'을 '비도덕적 사람'으로, '스스로 만족함'을 '자기 초월'로, '덕(德)'을 '도덕적 품격'으로 번안하여, 현대적으로 이해할 수 있도록 의미를 부여했다.

6

所謂修身在正其心者, 身有所忿懥, 則不得其正; 有所恐懼, 則不得其正; 有所好樂, 則不得其正; 有所憂患, 則不得其正.
心不在焉, 視而不見, 聽而不聞, 食而不知其味.
此謂修身在正其心.

직역 이른바 '몸을 닦음이 그 마음을 바르게 하는 데 있다'는 것은 마음에 성내고 원망하는 바가 있으면 그 바름을 얻지 못하며, 두려워하고 위태롭게 하는 바가 있으면 그 바름을 얻지 못하며, 좋아하고 즐기는 바가 있으면 그 바름을 얻지 못하며, 근심하고 걱정하는 바가 있으면 그 바름을 얻지 못한다.
마음이 있지 않으면 보아도 보이지 않고, 들어도 들리지 않으며, 먹어도 그 맛을 알지 못한다.
이를 일러 '몸을 닦음이 그 마음을 바르게 하는 데 있다.'라는 것이다.

번안 한 사람이 적절한 언어 표현을 할 수 있는가의 여부는 자신의 마음이 정리된 상태인가에 달렸다는 뜻이다. 한 사람의 마음이 감정과 욕정에 의해 좌우된다면 그 마음은 정리된 상태에 있을 수 없다. 한 사람의 마음이 두려움과 공포에 놓여 있다면 그 마음은 정리된 상태에 있을 수 없다. 한 사람의 마음이 쾌락과 오락에 빠져 있다면 그 마음은 정리된 상태에 있을 수 없다. 한 사람의 마음이 슬픔과 고통 속에 놓여 있다면 그 마음은 정리된 상태에 있을 수 없다.
마음이 망연하여 어디에 두어야 할지를 모른다면, 우리는 눈을 뜨고 있지만 오히려 보지 못하고, 귀를 쫑긋하고 듣고 있지만 오히려 무슨 말인지 알아듣지 못하며, 크게 한입 베어 먹어 보지만 오히려 무슨 맛인지를 알지 못한다.
이를 두고, 이른바 한 사람이 적절한 언어 표현을 할 수 있는가의 여부는 자신의 마음이 정리된 상태인가에 달려 있다는 말이다.

해설 이 구절은 「전」 7장에 해당하는데, 8조목 가운데 '정심(正心)'과 '수신(修身)'을 풀이했다. '정심-수신'의 유기체적 문제는 '심신(心身)', 즉 마음과 몸의 양상(樣相)이 어떠한지를 제대로 성찰하는 일이 관건이다. 주자에 의하면, '분치(忿懥; 성내고 원망함)', '공구(恐懼; 두려워하고 위태롭게 함)', '호요(好樂; 좋아하고 즐기는 것)', '우환(憂患; 근심하고 걱정하는 것)'의 네 가지는 모두 마음의 작용으로, 사람에게는 없을 수 없다! 모든 사람에게 발생할 수 있는 문제다! 하지만 그것을 성찰하는 방식에 따라, 삶의 모습은 전혀 다른 효과와 결과를 도출할 수 있다. 누구나 이 네 가지 마음의 작용을 가지고 있지만, 그 마음을 쓸 때, 잘 살펴야 한다. 그렇지 않으면 바로 욕심이 발동하고 감정이 넘치게 되어, 바른 마음을 잃을 수 있다.
마음을 바르게 하고, 몸을 단속하는 문제는, 주자가 그토록 고민했던 뜻을 성실하게 만드는, '성의(誠意)' '의성(意誠)'의 작업으로 거슬러 올라간다. 즉 뜻이 성실하면 진정으로 악한 짓이 없게 되고, 실제로 착한 양태를 확보할 수 있다. 그것은 본성적으로 착한 마음을 지니고 몸가짐을 바르게 할 수 있는 근거다.
문제는 오직 뜻을 성실하게 만드는 사안에만 치우쳐, 자신의 마음이 어디에 있는지 제대로 성찰하지 못할 때 발생한다. 그런 경우, 자기의 정신이나 영혼을 강직하게 지닐 수 없고, 사람다운 인격을 완성하기 어렵다.

7

所謂齊其家在修其身者, 人之其所親愛而辟焉, 之其所賤惡而辟焉, 之其所畏敬而辟焉, 之其所哀矜而辟焉, 之其所敖惰而辟焉. 故好而知其惡, 惡而知其美者, 天下鮮矣.
故諺有之曰: "人莫知其子之惡, 莫知其苗之碩."
此謂身不修, 不可而齊其家.

직역 이른바 '그 집안을 가지런히 함이 몸을 닦음에 있다'는 것은 사람들이 친애(親愛)하는 바에 치우치고, 천하게 여기고 미워하는 바에 치우치며, 두려워하고 존경하는 바에 치우치고, 가엽고 불쌍히 여기는 바에 치우치며, 거만하고 태만히 하는 바에 치우친다. 그러므로 좋아하면서도 그의 나쁨을 알며, 미워하면서도 그의 아름다움을 아는 자가 세상에 적은 것이다.
그러므로 속담에 이런 말이 있다. "사람들이 그 자식의 나쁨을 알지 못하며, 그 싹의 큼을 알지 못한다."
이를 일러 '몸이 닦아지지 않으면 그 집안을 가지런히 하지 못한다.' 라는 것이다.

번안 가문의 질서가 잡히게 할 수 있는가의 여부는 적절한 언어 표현을 할 수 있는가에 달렸다는 뜻이다. 사람들은 언제나 그들이 사랑하고 좋아하는 사람만을 편애하고, 언제나 멸시하고 싫어하는 사람에게만 편견을 가지며, 그 마음은 언제나 불쌍히 여기고 동정하는 사람에게 편중되어 있고, 오만하고 교만한 사람과는 상당 부분 부딪치게 마련이다. 그러므로 세상에는 아주 적은 사람만이 자신이 사랑하는 사람을 사랑하되 그의 나쁜 성품을 알 수 있고, 또 아주 적은 사람만이 자신이 미워하는 사람을 미워하되 오히려 그의 좋은 성품을 알 수 있다.

그러므로 속담에 이렇게 말했다. "자신의 자식이 좋지 않음을 아는 사람은 없고, 자기 논밭이 좋은 땅이고 곡식이 잘 자라 부유하다는 것을 아는 사람은 없다."

이것이 곧 가문의 질서가 잡히게 할 수 있는가의 여부는 적절한 언어 표현을 할 수 있는가에 달렸다는 뜻이다.

해설 이 구절은 「전」 8장에 해당하는데, 8조목 가운데 '수신(修身)'과 '제가(齊家)'를 풀이했다. 수신이 제가의 바탕임을 구명했다.

여기에 등장하는 다섯 가지 감정, 즉 친애(親愛: 혈육처럼 사랑함), 천오(賤惡; 천하게 여기고 미워함), 외경(畏敬; 두려워하고 공경함), 애긍(哀矜; 가엽고 불쌍하게 여김), 오타(敖惰; 거만하고 태만함)는 집안에서 혈육을 마주하는 삶의 자세이자 태도이다. 예를 들면, '친애'는 부모가 자식만을 또는 남편이 아내에게 빠지는 것이고, '천오'는 집안에서 부리는 하인(下人)을 천시하거나 미워하는 짓이다. '외경'은 집안의 어른을 두려워하고 존경하는 일이고, '애긍'은 동정심을 갖고 연민의 정을 나눈 경우다. 그리고 '오타'는 다른 사람에게 거만하게 굴며 사람을 소홀히 대하는 상황이다. 어떻게 보면, 이런 감정은 인지상정(人之常情)일 수 있다. 하지만 인간의 감정은 제멋대로가 아니라, 이치에 합당하게, 도리와 절도에 맞게 표출되어야 한다. 한쪽으로 치우치면 곤란하다.

8

8-1

所謂治國必先齊其家者, 其家不可教, 而能教人者無之, 故君子不出家而成教於國. 孝者, 所以事君也; 弟者, 所以事長也; 慈者, 所以使衆也.
「康誥」曰: "如保赤子." 心誠求之, 雖不中不遠矣. 未有學養子而后嫁者也.
一家仁, 一國興仁; 一家讓, 一國興讓; 一人貪戾, 一國作亂. 其幾如此. 此謂一言僨事, 一人定國.

직역 이른바 '나라를 다스림이 반드시 먼저 그 집안을 가지런히 함에 있다'는 것은 그 집안을 가르치지 못하고 다른 사람을 가르칠 수 있는 자는 없다는 말이다. 그러므로 군자는 집을 나가지 않고 나라에 가르침을 이룬다. 효(孝)는 임금을 섬기는 일이고, 제(弟)는 어른을 섬기는 일이며, 자(慈)는 여러 사람을 부리는 일이다.
「강고」에서 말했다. "어린 아이를 보호하듯이 한다." 마음에 진실로 구하면 딱 맞지는 않으나 멀지도 않을 것이다. 자식 기르는 일을 배운 뒤에 시집가는 자는 있지 않다.
한 집안이 인(仁)하면 한 나라가 인(仁)을 일으키고, 한 집안이 예의가 있으면 한 나라가 예의를 일으키며, 한 사람이 탐욕하고 어그러지면 한 나라가 난(亂)을 일으킨다. 그런 기틀이 이와 같다. 이를 일러 '한 마디 말이 일을 그르치며, 한 사람이 나라를 안정시킨다.'라고 하는 것이다.

번안 국내에서 훌륭한 통치를 펼치려면, 반드시 먼저 가문의 질서를 바로잡아야 한다는 것이 바로 이 뜻이다. 자신의 가족이 착하게 살도록 교육할 수 없다면, 마찬가지로 다른 사람들이 착하게 살도록 교육할 수 없다. 그러므로 도덕적인 사람은 집안의 밖으로 나가지 않아도 여전히 국가에서 주어진 의무를 배울 수 있다. 효자로서 지녀야 할 의무를 통해 군주를 위해 어떻게 소임을 다하는지를 가르칠 수 있는 것이다. 가문에서 윗사람에게 순종하는 의무를 가지고 어떻게 권위를 존중하는지를 가르칠 수 있다. 부모가 자식을 사랑하는 상황을 통해 인민 대중을 어떻게 대하는지 가르칠 수 있다.
어머니가 몸과 마음을 다하여 어떻게 아이를 잘 대할지 그 방법을 찾는다면, 그가 비록 잘못을 저질러도 큰 잘못을 저지르지는 않을 것이다. 시집가기 이전에 아이를 어떻게 돌보는지 배우는 여자 아이는 없다.
한 가문의 사람들이 인자(仁慈)하고 인간의 도리를 지킨다면, 전체 국가 사회의 사람들이 점차 인자하게 되고 인간의 도리를 지키게 될 것이다. 한 가문의 사람들이 예절을 지키고 우아한 품위를 갖춘다면, 전체 국가 사회의 사람들이 점차 예절이 있고 우아한 품위를 갖추게 될 것이다. 이와 달리, 한 사람의 야심에서 비롯되는 그릇된 행위는 전체 국가 사회를 혼란과 무질서에 빠뜨릴 수 있다. 이는 다른 사안에도 감염될 수 있는 힘으로 작용한다. 속담에 말했다. “한마디 말로 모든 것을 훼손하고 멸망시킬 수도 있고, 또 한 사람이 국가를 구제할 수도 있다.”

해설 〈8-1〉과 아래 〈8-2〉 두 단락은 「전」 9장에 해당하는데, 8조목 가운데 '제가(齊家)'와 '치국(治國)'을 풀이했다. 즉 제가가 치국의 바탕임을 구명했다.

여기에 등장하는 '효(孝)·제(弟)·자(慈)'는 인간 교육의 주요 항목이다. '효'를 통해 부모를 섬기고 집안사람들에게 효도하도록 하고, '제'를 통해 형님을 섬기고 집안사람들에게 공경을 실천하도록 한다. '자'를 통해 사람들을 부려 쓰고 집안사람들에게 자애로운 마음을 가지도록 한다. 이렇게 인간의 기본 윤리를 국가 사회로 확장해 나가면, 세상의 모든 사람이 도덕적으로 무장될 수 있다는 교육의 논리다.

다시 말하면, 내가 집안에서 부모를 섬기는 '효'는 국가 사회에서 지도자를 섬기는 바탕이 되고, 내가 집안에서 형님이나 누나 언니를 섬기는 '제'는 국가 사회에서 어른이나 선배를 섬기는 바탕이 되며, 내가 집안에서 자식을 사랑하는 '자'는 국가 사회에서 아래 자리에 있는 서민과 관계하는 데 유용한 윤리적 바탕이 된다. 요컨대, 집안에서 '효·제·자'를 교육하고 실천할 수 있다면, 국가 사회에서도 '효·제·자'를 자연스럽게 교육하고 실천할 수 있는 확장의 교육 원리다.

후반부의 '인(仁)'과 '양(讓)', '탐려(貪戾)'와 '작란(作亂)'도 동일한 논리다. '인'과 '양'은 전반부의 '효'와 '제'를 바탕으로 한 언표다. '인'은 '효'에 속하고 '양'은 '제'에 속한다. '탐려'의 경우, '자'와 반대된다. 단 한 사람의 지도자일지라도 이 '탐려'에 몰두하면, 국가 사회는 혼란에 빠진다.

8-2

堯·舜帥天下以仁, 而民從之. 桀·紂帥天下以暴, 而民從之. 其所令反其所好, 而民不從. 是故君子有諸己而後求諸人, 無諸己而後非諸人. 所藏乎身不恕而能喩諸人者, 未之有也.
故治國在齊其家.
『詩』云: "桃之夭夭, 其葉蓁蓁. 之子于歸, 宜其家人." "宜其家人", 而後可以敎國人.
『詩』云: "宜兄宜弟." "宜兄宜弟", 而後可以敎國人.
『詩』云: "其儀不忒, 正是四國." 其爲父子·兄弟足法, 而後民法之也.
此謂治國在齊其家.

직역 요(堯)·순(舜)이 세상을 인(仁)으로 거느리자 백성이 그를 따랐다. 걸(桀)·주(紂)가 세상을 포악함으로 거느리자 백성이 그를 따랐다. 그 명령하는 바가 좋아하는 것과 반대되면 백성이 따르지 않는다. 이러므로 군자는 자기 몸에 선(善)이 있은 다음에 남에게 선(善)을 요구하며, 자기 몸에 악(惡)이 없는 다음에 남의 악(惡)을 비난한다. 자기 몸에 간직하고 있는 것이 서(恕)하지 못하고 남을 깨우치는 자는 있지 않다.
그러므로 나라를 다스림이 그 집안을 가지런히 함에 있는 것이다.
『시경』에 말했다. "복숭아꽃이 예쁘고 예쁨이여, 그 잎이 무성하구나! 이 아가씨의 시집감이여, 그 집안 식구에게 마땅하다." 그 집안 식구에게 마땅한 다음에 나라 사람들을 가르칠 수 있다.
『시경』에 말했다. "형에게도 마땅하고, 아우에게도 마땅하다." 형에게 마땅하고 아우에게 마땅한 다음에 나라 사람을 가르칠 수 있다.
『시경』에 말했다. "그 거동이 어그러지지 않는지라, 이 사방 나라를 바르게 한다." 그 부자(父子)와 형제(兄弟) 된 자가 충분히 본받을 만한 다음에야 백성이 본받는다.
이를 일러 '나라를 다스림이 그 집안을 가지런히 함에 있다'는 것이다.

번안 요·순이 제국을 통치할 시기에 인간의 도리를 원칙으로 세웠고 국민이 적극적으로 호응하여 사람들은 그 도리를 지켰다. 걸·주가 제국을 통치할 시기에 잔인함을 원칙으로 삼았고 국민이 적극적으로 호응하여 사람들 또한 잔인해졌다. 통치자가 명령한 사안이 그들이 실제로 즐겨 따르려는 원칙과 상반될 경우, 백성은 그것을 이행하지 않는다. 그러므로 국민에게 도덕적 품격을 갖추라고 어떠한 요구를 제기하기 이전에 통치자 자신이 반드시 이러한 도덕적 품격을 먼저 지니고 있어야 한다. 국민에게 어떠한 악습이 있다고 질책하기 이전에 통치자 자신이 반드시 먼저 이러한 악습이 없어야 한다. 자신이 스스로 도덕적 약속을 중요하게 여기지 않는 사람은 다른 사람이 착하게 살도록 인도할 수 없다. 그러므로 한 국가 사회의 통치자에 의해 가문의 질서가 잡히는지의 여부가 결정된다. 가문의 질서가 잡혀야 비로소 한 국가 사회의 사람들이 착하게 살도록 교육할 수 있다.
『시경』에서 말했다. "복숭아나무의 복숭아 부드럽고 탐스럽고 나뭇잎은 윤택하고 푸르네. 여자 아이가 새로운 가문에 시집가니 가문의 사람들이 본받아 교화되었네." 가문에 질서가 있어야, 즉 가문에서 행해야 하는 의무를 다해야 비로소 한 국가 사회의 국민이 착하게 살도록 교육할 수 있다.

『시경』에서 말했다. "너의 형은 의무를 다하고 너의 아우도 의무를 다하네." 한 사람이 가문에서 그 형제들을 위해 의무를 다해야 비로소 한 국가 사회의 국민이 착하게 살도록 가르칠 수 있다.
『시경』에서 말했다. "그의 자태가 우아하여 질책과 모욕을 면하고, 국가와 민족이 질서가 잡히게 하였네." 그러므로 백성에게 통치자는 모범적 아버지, 모범적 자식과 모범적 형제자매가 되기에 적절한 다음에 국민은 그를 모범으로 삼는다.
이것이 바로 이른바 '훌륭한 통치자에 의해 가문의 질서가 잡힌다'는 말이다.

해설 여기에서 눈여겨볼 개념은 '서(恕)'다. 주자는 주석에서 '서'를 매우 구체적으로 강조한다. "자신에게 선(善)이 있은 다음에 다른 사람에게 선하기를 구할 수 있다. 자신에게 악(惡)이 없게 된 다음에 다른 사람의 악을 바로 잡을 수 있다. 이처럼 '자기를 미루어 다른 사람에게 미치는 일'을 서(恕)라고 한다." 다른 표현으로 하면, '자기를 미루어 다른 사람에게 미치는 일'을 네 글자로 표현하면, '추기급인(推己及人)'이다.
『시경』의 구절은 「국풍(國風)」 '도요(桃夭)'와 「소아(小雅)」 '육소(蓼蕭)', 「국풍」 '시구(鳲鳩)'이다. '도요'편은 신부를 축하하는 노래이고, '육소'는 은택이 온 세상에 미침을 읊었으며, '시구'는 훌륭한 군주의 언제나 변치 않고 시의적절한 언행을 칭송한 노래다. 일반적으로 시(詩)를 인용하여 글을 정돈하는 경우, 말로 모두 표현할 수 없는 속뜻을 더욱 간절하게 표현하기 위해서다. 그만큼 깊이 음미(吟味)할 필요가 있다.

9

9-1

所謂平天下在治其國者, 上老老而民興孝, 上長長而民興弟, 上恤孤而民不倍, 是以君子有絜矩之道也.
所惡於上, 毋以使下; 所惡於下, 毋以事上; 所惡於前, 毋以先後; 所惡於後, 毋以從前; 所惡於右, 毋以交於左; 所惡於左, 毋以交於右; 此之謂絜矩之道也.
『詩』云: "樂只君子! 民之父母." 民之所好好之, 民之所惡惡之, 此之謂"民之父母".
『詩』云: "節彼南山, 維石巖巖. 赫赫師尹, 民具爾瞻." 有國者不可以不愼. 辟則爲天下僇矣.
『詩』云: "殷之未喪師, 克配上帝. 儀監于殷, 峻命不易." 道得衆則得國, 失衆則失國.
是故君子先愼乎德. 有德此有人, 有人此有土, 有土此有財, 有財此有用.
德者本也, 財者末也. 外本內末, 爭民施奪. 是故財聚則民散, 財散則民聚.
是故言悖而出者, 亦悖而入, 貨悖而入者, 亦悖而出.
『康誥』曰: "惟命不于常." 道善則得之, 不善則失之矣.

직역 이른바 '천하를 평(平)히 함이 그 나라를 다스림에 있다'는 것은 윗사람이 늙은이를 늙은이로 대우함에 백성이 효(孝)를 흥기하고, 윗사람이 어른을 어른으로 대우함에 백성이 제(弟)를 흥기하며, 윗사람이 고아(孤兒)를 구휼함에 백성이 저버리지 않는다. 이러므로 군자는 구(矩)로 재는 도(道)가 있다.

윗사람에게서 싫었던 것으로 아랫사람을 부리지 말며, 아랫사람에게서 싫었던 것으로 윗사람을 섬기지 말며, 앞사람에게서 싫었던 것으로 뒷사람에게 가(加)하지 말며, 뒷사람에게서 싫었던 것으로 앞사람에게 따르지 말며, 오른쪽에게서 싫었던 것으로 왼쪽에게 사귀지 말며, 왼쪽에게서 싫었던 것으로 오른쪽에게 사귀지 말 것이니, 이를 일러 구(矩)로 재는 도(道)라고 한다.

『시경』에 말했다. "즐거운 군자여, 백성의 부모로다." 백성이 좋아하는 바를 좋아하며, 백성이 싫어하는 바를 싫어함, 이를 일러 백성의 부모라 한다.

『시경』에 말했다. "깎아지른 저 남산이여, 바위가 우뚝우뚝 하구나! 빛나는 태사 윤씨여, 백성이 모두 너를 보도다." 국가 사회를 소유한 자는 삼가지 않으면 안 되니, 치우치면 세상에서 죽임을 당한다.

『시경』에 말했다. "은나라가 백성의 마음을 잃지 않았을 때는 상제(上帝)에게 짝했다. 그러하니 마땅히 은나라를 거울로 삼을지어다. 큰 명(命)을 보존하기가 쉽지 않다." 백성의 마음을 얻으면 나라를 얻고, 백성의 마음을 잃으면 나라를 잃음을 말했다.

이러므로 군자는 먼저 덕(德)을 삼가는 것이니, 덕(德)이 있으면 인민(人民)이 있고, 인민(人民)이 있으면 토지(土地)가 있고, 토지(土地)가 있으면 재물이 있고, 재물이 있으면 쓰임이 있다.

덕(德)은 근본이고, 재물은 말단이니 근본을 밖으로 하고 말단을 안으로 하면, 백성을 다투게 하여 겁탈(劫奪)하는 가르침을 베푸는 것이다. 이러므로 재물이 모어지면 백성이 흩어지고, 재물이 흩어지면 백성이 모인다.

이러므로 말이 도리에 어긋나게 나간 것은 또한 도리에 어긋나게 들어오고, 재물이 도리에 어긋나게 들어온 것 또한 도리에 어긋나게 나간다.

「강고」에 말했다. "천명(天命)은 일정한 곳에 하지 않는다." 선(善)하면 얻고, 선(善)하지 못하면 잃음을 말한 것이다.

번안 세상의 평화와 질서는 국가의 훌륭한 통치에 의해 결정된다는 뜻이다. 권력자가 노인을 존경하면 국민은 효자가 될 것이다. 권력자가 상급자를 존경하고 복종하면 국민은 우수한 시민이 될 것이다. 권력자가 가난하고 도움을 받지 못하는 사람들을 세심하게 돌보면 국민은 그들을 멀리하지 않을 것이다. 그러므로 신사라면 언제나 자기 자신을 가늠할 수 있는 준칙이 있어야 한다.

윗사람이 그에게 한 행위가 싫었다면 이와 같이 아랫사람을 대하지 말아야 한다. 마찬가지로 아랫사람이 그에게 한 행위가 싫었다면 이와 같이 윗사람을 대하지 말아야 한다. 선행자(先行者)의 어떤 행위가 싫었다면 이와 같이 후행자(後行者)를 대하지 말아야 한다. 마찬가지로 후행자의 어떤 행위가 싫었다면, 후행자의 행위를 모방하여 선행자를 대하지 말아야 한다. 오른편에 있는 사람들의 행위가 싫었다면, 이와 같은 행위로 왼편에 있는 사람들을 대하지 말아야 한다. 마찬가지로 왼편에 있는 사람들의 행위가 싫었다면, 이와 같은 행위로 오른 편에 있는 사람들을 대하지 말아야 한다. 이것이 이른바 스스로를 가늠하는 준칙이다.

『시경』에서 말했다. "군주가 백성을 부모와 같이 대하면 백성은 얼마나 그를 사랑할까.” 백성이 사랑하는 바를 사랑하고, 백성이 미워하는 바를 미워한다. 이것이 이른바 백성을 부모와 같이 대하는 일이다.

『시경』에서 말했다. “높이 솟으니 마치 남산 같고 산에 가득한 육중한 바위 같네. 사윤이 얼마나 두려운가, 백성이 머리를 들고 보네.”

국가를 통치할 의무를 가진 사람은 자기 자신의 행위를 삼가지 않을 수 없다. 그들에게는 작은 잘못일지라도 세상에는 아주 무서운 결과를 가져올 수 있다.

『시경』에서 말했다. “은 왕조가 백성의 마음을 잃기 이전에 상제께서 하사하신 은택은 두터웠네. 앞 수레의 교훈은 반드시 거울로 삼아야 하니 위대한 사명은 언제나 지키기 어렵네.”

이는 통치자가 국민의 마음을 얻었을 때는 전체 왕국을 얻고, 국민의 마음을 잃으면 곧 국가도 잃는 이치를 말한 것이다.

그러므로 통치자가 가장 관심을 가지는 것은 그가 도덕적 품격이 있는지를 확신하는 것이다. 도덕적 품격이 있으면 국민을 확보하고 국민을 확보하면 국토를 소유하고 국토를 소유하면 수익이 있으며 수익을 창출하면 곧 그것을 사용할 권력을 가지는 것이다.

도덕적 품격은 한 국가의 기반이고 재산과 부는 수단일 뿐이다. 통치자가 목적을 수단으로 잘못 알고 수단을 목적으로 한다면, 결국 국민들은 아주 빨리 재산과 부를 쟁탈하게 될 것이다. 그러므로 재산과 부가 소수의 사람들 수중에 모인다면 사회는 무너질 것이다. 그러나 재산과 부를 다수의 사람들에게 나누어 준다면 사회를 견고하게 유지하는 데 도움이 될 것이다.

그러므로 말한다. “폭력을 옹호하며 한 말은 다시 폭력을 불러오고, 폭력으로 얻은 재산과 부는 폭력으로 빼앗길 것이다.”

『강고(康誥)』에서 말했다. "신성한 사명은 영원히 우리에게 부여되지 않을 것이다." 이는 만약 우리의 행위가 착하면(착한 인간이라면) 그것을 얻을 것이고, 행위가 착하지 않으면 그것을 곧 잃는다는 말이다.

해설 〈9-1〉과 아래 〈9-2〉〈9-3〉 세 단락은 「전」 10장에 해당하는데, 8조목 가운데 '치국(治國)'과 〈평천하(平天下)〉를 풀이했다. 『대학』의 마지막 장으로 3강령과 8조목을 통합한 차원에서 치국과 평천하의 핵심 내용을 정돈했다.

구훙밍은 '평천하(平天下)'를 '세상의 평화와 질서'로 번안했다. '평(平)'을 '평화'와 '안정된 질서'의 차원에서 이해한 것이다. 이 단락에서 핵심 구절은 '혈구지도(絜矩之道)'다. '혈구'는 '자로 재고 헤아리다'는 뜻이다. 따라서 '혈구지도'는 문자 그대로 '자나 컴퍼스로 재고 헤아려 방정하게 만드는 도리다.' 이를 '국가 지도자가 자신의 마음을 국민의 마음과 일치시키는 정치의 도리'로 확대 해석했다. 『대학』의 전체 구조로 볼 때, 최고지도자인 임금의 덕성이나 덕행이, 3강령에서 첫 번째로 말한 '명명덕'하고 8조목의 마지막 부분인 '평천하(平天下)'하는 바탕이 되는 기준이라는 의미다.

시는 「소아(小雅)」 '남산유대(南山有臺)'와 '절피남산(節彼南山)', 그리고 「대아(大雅)」 '문왕(文王)'이다. '남산유대'는 훌륭한 사람을 만나 즐기는 노래이다. '절피남산'은 정사를 제대로 돌보지 않는 지도자를 풍자하며 읊은 것이다. '문왕'는 천명을 받아 나라를 건설한 지도자를 노래한 시다.

'혈구지도(絜矩之道)'를 중심으로 하는 정치와 교육의 실천 가운데, '인민(人民)'과 '토지(土地)'의 관계, '재화(財貨)의 쓰임', '덕본재말(德本財末;

덕은 근본이고 재물은 말단)', '패입패출(悖入悖出; 도리에 어긋나게 들어오고 나가는 일)' 등, 지도급 인사가 언행을 신중하게 구현하라는 경고가 담겨있다.

9-2

『楚書』曰: "楚國無以爲寶, 惟善以爲寶."
舅犯曰: "亡人無以爲寶. 仁親以爲寶."
「秦誓」曰: "若有一个臣, 斷斷兮, 無他技, 其心休休焉, 其如有容焉. 人之有技, 若己有之. 人之彦聖, 其心好之, 不啻若自其口出, 寔能容之, 以能保我子孫黎民, 尙亦有利哉! 人之有技, 媢嫉以惡之. 人之彦聖, 而違之, 俾不通, 寔不能容, 以不能保我子孫黎民, 亦曰殆哉!"
唯仁人放流之, 迸諸四夷, 不與同中國. 此謂唯仁人, 爲能愛人, 能惡人.
見賢而不能擧, 擧而不能先, 命也. 見不善而不能退, 退而不能遠, 過也.
好人之所惡, 惡人之所好, 是謂拂人之性, 菑必逮夫身.

직역 『초서』에서 말했다. "초(楚)나라는 보배로 삼을 것이 없고, 오직 착한 사람을 보배로 삼는다."
구범(舅犯)이 말했다. "도망 온 사람은 보배로 여길 것이 없고, 어버이를 사랑함을 보배로 여긴다."
「진서」에 말했다. "만일 어떤 한 신하가 성실하고 한결같고 다른 기예(技藝)가 없으나 그 마음이 곱고 고와 용납함이 있는 듯하여, 남이 가지고 있는 기예를 자기가 소유한 것처럼 여기며, 남의 훌륭하고 성(聖)스러움을 그 마음에 좋아함이 자기 입에서 나온 것보다도 더한다면, 이는 남을 포용할 수 있는 것이어서, 나의 자손과 백성을 보전할 수 있을 것이니, 행여 또한 이로움이 있을 것이다. 남이 가지고 있는 기예를 시기하고 미워하며, 남의 훌륭하고 성스러움을 어기고 통하지 못하게 하면, 이는 포용할 수 없는 것이어서, 나의 자손과 백성을 보전하지 못할 것이니, 또한 위태로우리라!"

오직 어진 사람이어야 이들을 추방하여 유배하되 사방 오랑캐의 땅으로 내쫓아, 더불어 중국(中國)에 함께 하지 않으니, 이를 일러 '오직 어진 사람이어야 남을 사랑할 수 있고, 남을 미워할 수 있다'라고 하는 것이다.

어진 사람을 보고도 들어 쓰지 못하며, 들어 쓰되 먼저 하지 못함이 태만함이고, 불선(不善)한 자를 보고도 물리치지 못하며, 물리치되 멀리하지 못함이 과실이다.

남의 미워하는 바를 좋아하며, 남의 좋아하는 바를 미워함, 이를 일러 사람의 성품을 어긴다고 하는 것이다. 이러한 자는 재앙이 반드시 그 몸에 미칠 것이다.

번안 『초서』에서 말했다. "초나라 사람들은 진귀한 보배로 여기는 것이 없고, 단지 착한 성품을 진귀한 보배로 여겼다."

진(晉)나라 문공(文公)의 외삼촌인 구범이 진 문공이 나라에서 추방되었을 때, 말했다. "지금 우리나라 군주께서 추방되셨다. 그는 아무것도 진귀한 보배로 여기는 것이 없고 단지 부모님의 사랑을 진귀한 보배로 여기셨다."

진(秦)나라 목공이 왕위에 있을 때 말했다. "나는 소박하고 단순한 사람을 나의 신하로 삼았다. 그는 자유분방한 성품과 개방적인 마음, 그리고 관용의 정신을 제외하고 다른 장점이 없었다. 그는 다른 사람이 소유한 능력을 자기가 소유한 것처럼 여겼고, 다른 사람의 탁월한 지혜에 기뻐하여 마치 자기가 소유한 것처럼 여겼다. 여기서 그의 넓은 관용 정신이 드러난다. 이러한 사람이야말로 우리의 자손과 백성을 지킬 수 있다. 그는 여러 측면에서 우리에게 이익을 줄 것이다. 반대로 어떤 사람은 다른 사람이 소유한 능력을 질투하여 그를 미워하고, 다른 사람의 탁월한 지혜를 보면 오히려 몰래 그들의 활동을 방해하며 이름을 날리지 못하게 한다. 이는 그의 협소한 마음과 관용을 베풀지 못하는 정신을 보여준다. 이러한 사람은 우리의 자손과 백성을 지킬 수 없다. 그는 여러 측면에서 우리들에게 위험을 가져다 줄 것이다."

착한 사람은 모두 이러한 사람을 쫓아낼 의무가 있다. 그를 미개한 야만인들이 사는 부락에서 살게 하여 그가 우리들과 함께 나라의 한가운데서 살지 못하게 해야 한다. 이것이 바로 속담에서 "성심을 다하는 사람, 도덕적 인간만이 사람을 사랑하고 미워할 수 있다."는 말이다.

가치가 있는 사람을 보면 오히려 그들을 진급시키지 못하고, 그들이 있는 자리에 그대로 둔다. 이것이 바로 무능함이다.

사람들이 미워하고 싫어하는 사람을 사랑하고 좋아하며, 사람들이 사랑하고 좋아하는 사람을 미워하고 싫어하면, 이는 곧 사람들의 정서에 위배된다. 이렇게 행사하는 사람에게는 반드시 재앙이 내릴 것이다.

해설 『초서』는 『국어(國語)』 「초어(楚語)」에 나오는 말이고, 구범의 사례는 『예기(禮記)』 「단궁(檀弓)」에 그 내용이 보인다. 재물(財物)의 사용과 사람의 등용, 즉 '이재(理財)와 용인(用人)'에 관한 일로 근본과 말단의 문제를 다시 음미한 대목이다.

『진서』는 『서경(書經)』 「주서(周書)」의 맨 끝에 있는 글로, 포용하는 사람과 혈구(絜矩)의 문제를 고민한 사항이다. 사람을 포용하며 헤아릴 줄 아는 사람은 대부분의 사람이 좋아한다. 반대로 시기하고 미워하는 사람은 혈구를 하지 못하고, 대부분의 사람이 미워한다. 최고지도자는 포용하는 사람을 좋아하고 질투하는 사람을 미워하고 버려야 한다. 이것이 바로 큰 혈구의 길이다.

후반부에서 '인(仁)'이라는 개념을 부각시킨 것이 의미심장하다. 『대학』은 이 구절에서 '인'의 뜻을 구체적으로 부각시켰고, 도덕적인 사람이면서도 미처 어질지 못한 사람과 비도덕적인 사람으로 어질지 않은 사람을 대비하여, 정치의 양식과 교육의 방식을 지시한다. 즉 '혈구(絜矩)'는 '서(恕; 용서, 배려, 관용)'를 실천하는 작업이고, 이 '서'는 인을 행하는 바탕이다. 이 '인(仁)'은 마지막 단락으로 이어지면서, 『대학』을 마무리하는 핵심으로 자리한다.

9-3

是故君子有大道, 必忠信以得之, 驕泰以失之. 生財有大道, 生之者衆, 食之者寡, 爲之者疾, 用之者舒, 則財恒足矣.
仁者以財發身, 不仁者以身發財.
未有上好仁而下不好義者也, 未有好義其事不終者也, 未有府庫財非其財者也.
孟獻子曰: "畜馬乘, 不察於鷄豚. 伐氷之家, 不畜牛羊. 百乘之家, 不畜聚斂之臣. 與其有聚斂之臣, 寧有盜臣." 此謂國不以利爲利, 以義爲利也.
長國家而務財用者, 必自小人矣. 彼爲善之, 小人之使爲國家, 菑害竝至, 雖有善者, 亦無如之何矣? 此謂國不以利爲利, 以義爲利也.

직역 이러므로 군자는 큰 도(道)가 있으니, 반드시 충(忠)과 신(信)으로 얻고, 교만함과 방자함으로 잃는다. 재물을 내는 데 큰 도(道)가 있으니, 만드는 자가 많고 먹는 자가 적으며, 행하기를 빨리 하고 쓰기를 느리게 하면, 재물이 항상 풍족할 것이다.
어진 사람은 재물로 몸을 일으키고, 어질지 못한 자는 몸으로 재물을 일으킨다.
윗사람이 인(仁)을 좋아하는데 아랫사람들이 의(義)를 좋아하지 않는 자는 있지 않으니, 아랫사람들이 의(義)를 좋아하는데 윗사람의 일이 끝마쳐지지 못하는 경우가 없으며, 창고의 재물이 그 윗사람의 재물이 아닌 경우가 없다.
맹헌자가 말했다. "마승(馬乘)을 기르는 자는 닭과 돼지를 기름에 살피지 않고, 얼음을 쓰는 집안은 소와 양을 기르지 않고, 백승(百乘)의 집안은 취렴(聚斂)하는 신하를 기르지 않으니, 취렴(聚斂)하는 신하를 기를진댄 차라리 도둑질하는 신하를 두라." 이를 일러 '나라는 이(利)를 이익으로 여기지 않고 의(義)를 이익으로 여긴다'는 것이다.

국가에 어른이 되어 재용(財用)을 힘쓰는 자는 반드시 소인(小人)으로부터 시작된다. 저 소인(小人)에게 국가를 다스리게 하면 천재(天災)와 인해(人害)가 함께 이르러, 비록 잘하는 자가 있더라도 또한 어쩔 수가 없다. 이를 일러 '나라는 이(利)를 이익으로 여기지 않고, 의(義)를 이로움으로 여긴다'는 것이다.

번안 그러므로 신사(紳士)의 삶 속에는 언제나 하나의 큰 원칙이 있다. 그가 충성스럽고 믿을만하다면 반드시 성공한다. 그가 오만하고 냉혹하다면 반드시 실패를 맞이할 것이다. 마찬가지로, 재산과 부의 창조에서도 언제나 하나의 원칙이 있다. 대다수의 사람들이 생산하고 소수의 사람들이 소비하며, 일하는 사람이 일에 힘쓰고 쓰는 사람이 쓰기를 느리게 한다면, 이런 국가는 언제나 풍족한 재산과 부를 소유할 수 있다. 재물을 생산하는 데 큰 방법이 있다. 생산하는 사람이 많고 소비하는 사람이 적으며, 행하기를 빨리 하고 쓰기를 느리게 하면, 재물이 항상 풍족하다.

도덕적인 사람은 삶을 위해 돈을 벌고, 비도덕적인 사람은 돈을 벌기 위해 산다.

통치자가 인간의 도리를 다하는 착한 사람인데, 국민이 오히려 자신의 책임을 다하지 않는 경우는 거의 보기 힘들다. 한 나라의 국민이 자신의 책임을 다하지 않는데 그 나라가 오히려 번영하고 성대하게 발전하는 경우도 없다. 이런 상황에서 한 나라의 재산과 부는 통치자에게 귀속된다! 당신은 이런 장면을 영원히 볼 수 있으리라.

귀족인 맹헌자가 말했다. "말과 수레를 소유한 사람은 닭과 돼지를 보살피지 않을 것이다. 집에 얼음을 보관하고 있는 가문에서는 소와 양을 사육하지 않을 것이다. 마찬가지로, 한 국가의 통치자도, 온힘을 다해 국민의 재산을 거둬들이는 일을 유일한 목표로 삼는 신하를 임용하지 말아야 한다. 이러한 신하를 두는 것보다 오히려 공개적으로 약탈하는 신하를 두는 편이 낫다."

이른바 진실로 국가를 번영하게 만드는 것은 재산과 부와 물질적 성공이 아니라 영예와 의무라는 말이다.

어떤 통치자가 그의 국가가 번영하고 위대하게 되기를 바라고 있다. 그러나 그가 단지 금융과 재정의 측면에 주목한다면, 그는 반드시 비열하고 수치를 모르는 무리들의 영향을 받게 될 것이다. 비열하고 수치를 모르는 무리들이 국가의 사무를 관리한다면, 그가 능력이 있는 사람이라 하더라도 불행과 재난이 이를 것이 뻔하다. 그런 다음, 착한 사람이 그를 계승한다 하더라도 만회할 능력이 없게 된다. 그러므로 진실로 국가를 번영하게 만드는 것은 재산과 부와 물질적 성공이 아니라 영예와 의무라는 말이다.

해설 이 단락은 『대학』의 마지막 대목이다. 앞부분의 내용은 최고지도자의 덕목 가운데 중요한 것이 '충(忠)'과 '신(信)'임을 강조한다. '충'은 '자신을 발현할 때 스스로 최선을 다하는 일이다.' '자기의 최선을 다한다'는 의미에서 '진기지위충(盡己止謂忠)'이라고 한다. '신'은 '사물의 도리를 따르고 어긋나지 않게 하는 일이다.' '충을 바탕으로 열매를 맺게 한다'는 의미에서 '이실지위신(以實之謂信)'이라고 한다.

그리고 지도자의 책무가 나라를 부유하게 만드는 일임을 전제로, 그 기본 원리를 구체적으로 적시한다. 그것은 국토를 다스리고 재물을 운용하는 바탕이다. 즉 나라를 풍족하게 만드는 근본은 생산에 힘쓰고 씀씀이를 절약하는 데 있다.

주자에 의하면, 『대학』의 「전」 10장은 '혈구(絜矩)'를 말했는데, '재물의 사용'을 주로 논의한 후 '인재 등용'을 붙였다. 최고지도자가 사람들의 마음을 제대로 헤아리지 못하는 이유는 간단하다. 자신의 개인적 이익을 탐내는 마음이 일어나기 때문이다. 그런 욕심을 따르다 보면 다른 사람의 존재를 무시하거나 잊게 마련이다.

이 지점에서 『대학』이라는 텍스트의 마지막 장면, 그 정점을 성찰할 필요가 있다. 그것은 최고의 정치가, 또는 교육지도자가 갖추어야할 리더십의 요건이다. 혈구(絜矩)! 혈구의 요체는 '의(義; 의리)'와 '리(利; 이익)', '호(好; 좋아하는 일)'와 '오(惡; 싫어하는 것)'를 바르게 분별하는 데 있다. 싫어하고 멀리할 것은 개인의 사사로운 '이익'이다. 좋아하고 가까이 해야 하는 일은 공공성에 입각한 '의리'다.

HIGHER EDUCATION

THE TEXT OF CONFUCIUS

The object of a Higher Education is to bring out (明) the intelligent (明) moral power (德) of our nature; to make a new and better society (lit. people); and to enable us to abide in the highest excellence.

When a man has a standard of excellence before him, and only then, will he have a fixed and definite purpose; with a fixed and definite purpose, and only then, will he be able to have peace and tranquillity of mind; with tranquillity of mind, and only then, will he be able to have peace and tranquillity of soul; with peace and serenity of soul, and only then, can he devote himself to deep, serious thinking and reflection; and it is only by deep, serious thinking and reflection that a man can attain true culture.

COMMENTARY

I

1. The Commission of Investiture to Prince K' ang says: "He (the Emperor Wen) succeeded in making manifest the power of his moral nature."

2. In the *Address of the Minister I-Yin to the Emperor T'ai Chia*, it is said: "He (the great Emperor T'ang) kept constantly before him the clear Ordinance of God."

3. In the *Memorial Record of the Emperor Yao*, it is said: "He succeeded in making manifest the lofty sublimity of his moral nature."

4. Thus all these men made manifest the intelligent moral power of their nature.

[This section explains what "to bring out the intelligent power of our nature" means.]

II

1. The *Inscription on the Emperor T'ang's Bath* says: "Be a new man each day; from day to day be a new man; every day be a new man."

2. The *Commission of Investiture to Prince K'ang* says: "Create a new society."

3. The *Book of Songs* says: "Although the Royal House of Chou was an old State,

a new Mission was given to it."

4. Therefore whatever a gentleman finds for his hands to do, he doeth with all his might.

[This section explains what "to make a new and better society" means.]

III

1. The *Book of Songs* says: "The Imperial Domain was a thousand li wide; within it all the people found their abode."

2. The *Book of Songs*, again, says: "The twittering yellow bird has found its abode on the side of a little hill."
Confucius commenting on this said: "In choosing their abode, even the birds know what to choose. Can it be that man is less intelligent than birds?"

3. The *Book of Songs* says: "Profoundly serious was the Emperor Wen. Ah! how earnestly he strove to realize his ideals."
As a ruler, his ideal was to love mankind. As a subject, his ideal was to respect authority. As a son, his ideal was to be a dutiful son. As a father, his ideal was to be kind to his children. In intercourse with his fellow men, his ideal was to be faithful and true.

4. The *Book of Songs* says:
Look where the river forms a nook,
How trim the fresh green bamboos are;
So full of grace is he,— our Prince,
Like ivory finely cut and filed;
Like a gem chiselled, ground and ground again.
Oh! how distinguished and calm he looks,

Oh! how majestic and grand his air;
So full of grace is he, - our Prince,
Oh! His glory will never end.

The words "cut and filed" refer to the care that he took to improve his knowledge. The words "chiselled and ground" refer to the care that he took to make himself perfect. The words "how distinguished and calm he looks" show the seriousness of his mind. The words "how majestic and grand his air" show the dignity of his manners. Lastly, the words, "So full of grace is he, - our Prince, Oh! His glory will never end," means that when glorious moral qualities are brought to such perfection, the people will never forget them.

5. The *Book of Songs* says: "Ah, the former kings are not forgotten!"
The higher classes appreciate their great moral qualities and love them. The lower classes are made happier and enjoy the benefits derived from their work. In this way they attain immortality.

[This section explains what "to abide in the highest excellence" means.]

THE TEXT OF CONFUCIUS

Men in old times when they wanted to further the cause of enlightenment and civilization in the world began first by securing good government in their country. When they wanted to secure good government in their country, they began first by putting their house in order. When they wanted to put their house in order, they began first by ordering their conversation aright. When they wanted to put their conversation aright, they began first by putting their minds in a proper and well-ordered condition. When they wanted to put their minds in a proper and well-ordered condition, they began first by getting true ideas. When they wanted to have true ideas, they began first by acquiring knowledge and understanding. The acquirement of knowledge and understanding comes from a systematic study of things.

After a systematic study of things, and only then, knowledge and understanding will come. When knowledge and understanding have come, and only then, will men have true ideas. When men have true ideas, and only then, will their minds be in a proper and well-ordered condition. When men's minds are in a proper and well-ordered condition, and only then, will their conversation be ordered aright. When men's conversations are ordered aright, and only then, will their houses be kept in order. When men's houses are kept in order, and only then, will there be good government in the country. When there is good government in all countries, and only then, will there be peace and order in the world.

COMMENTARY

IV

1. In physical nature, there are causes and effects. In human affairs, there are springs of actions and consequences. When a man knows that he must first attend to the one before he can deal with the other, he is then not far from the truth. From the Emperor down to the lowest of the common people, the one thing that all must do is to make the ordering of their conversation aright, the foundation for everything. When the foundation is in disorder, that which is built on it will not be in order. When that which is essential is neglected, that which is not essential can never be properly attended to.

2. Confucius says: "In deciding lawsuits, I am not better than other men. But what I make it a point to do is — I try to make lawsuits impossible. Men who come before me without a just cause have nothing to say for themselves."
Watch therefore with fear and trembling over the hearts of the people. That is the root of the matter in knowledge. That is the highest knowledge.

V

1. Now what is meant by "to have true ideas" is to have no self-deception, as when one hates a bad smell or loves what is beautiful. That is what is called self-detachment. Therefore a gentleman watches diligently over his secret thought.

2. When he is alone, there is no evil which an immoral man will not do; but when he sees a gentleman, he immediately disguises himself and conceals

what is evil and shows off what is good within him. But men see through us as though our hearts and reins lay open to them. What is the use then of concealing? That is what is meant by the saying that what is truly within will surely show without. Therefore a gentleman watches diligently over his secret thought.

3. The disciple of Confucius, Tseng-tzu, says: "When you know that ten eyes are looking upon you and ten fingers are pointing at you, is it not awful?"

4. Wealth embellishes a house, but moral qualities embellish the person. When the mind is free and easy, the body will grow in flesh. Therefore a gentleman must have true ideas.

VI

1. Now what is meant by saying that the ordering of one's conversation aright depends upon putting the state of the mind in a proper and well-ordered condition, is this. When a person is under the influence of passion, his mind is not in a proper and well-ordered condition. When he is under the influence of fear and terror, his mind is not in a proper and well-ordered condition. When he is under the influence of pleasure and amusement, his mind is not in a proper and well-ordered condition. When he is under the influence of sorrow and distress, his mind is not in a proper and well-ordered condition.

2. When the mind is absent, we look, but do not see; we hear but do not understand; we eat, but do not know the taste of that which we eat.

3. This is what is meant by saying that the ordering of one's conversation aright depends upon putting the state of the mind in a proper and well-ordered condition.

VII

1. Now what is meant by saying that putting one's house in order depends upon the ordering of his conversation aright, is this. Men are biassed towards those for whom they feel love and affection; biassed towards those of whom they despise and dislike; towards those for whom they feel pity and compassion; biassed towards those towards whom they feel arrogance and pride. Wherefore it is that there are few men in the world who love and yet know the bad qualities of those whom they love; who hate and yet know the good qualities of those whom they hate.

2. Hence it is said in the common adage: "No man knows the wickedness of his son, no man knows the richness of his crops."

3. This is what is meant by saying that unless you order your conversation aright, you cannot put your house in order.

VIII

1. Now what is meant by saying that in order to have good government in the country, one must first put one's house in order, is this. He who cannot teach the members of his own family to be good, can never teach other people to be good. Hence the moral man, without going out of his house, can learn the duties which he owes to the State. The duties of a good son will teach him how to serve his Sovereign. The duties of subordination in the family will teach him to respect authority. The kindness of a father to his children will teach him how to treat the multitude.

2. The Commission of Investiture to Prince K'ang says: "Watch over the people as a mother watches over her new born child."
A mother who seeks with her whole heart the good of her child, although she

makes mistakes, will never go wholly wrong. No girl ever had to learn how to take care of her child before marriage.

3. When there is kindness and humanity in one family, the whole nation will grow kind and humane. When there is courtesy and politeness in one family, the whole nation will all become polite and courteous. The ambition and perversity of one man, on the other hand, may bring to confusion and anarchy the whole nation. Such is the power of influence. Hence the saying: "One word can ruin everything; one man can save a nation."

4. The Emperors Yao and Shun set up humanity as their principle in governing the Empire, and the people responded and became humane. The Emperors Chieh and Chou set up cruelty as their principle in governing the Empire, and the people responded and became cruel. When rulers give orders which are contrary to that which they themselves love to practise, the people will not obey them. Therefore, before requiring any moral quality of the people, the ruler must himself have that moral quality; before condemning any vice in the people, he must himself be free of that vice. A man who does not consider his own moral condition can never influence others for good.

5. Therefore government in a country depends upon putting one's house in order.

6. The *Book of Songs* says:
The peach tree is tender and fair, With its leaves all in bloom;
The girl is going to her new home, She will rightly order her household.
Only when there is order in the household, is it possible to teach the people of the nation to be good.

7. The *Book of Songs* says: "Do your duty to your elder brothers, Do your duty to your younger brothers."
Only when a man has done his duty to his brothers at home, can he teach the people of the nation to be good.

8. The *Book of Songs* says: "His manners were without reproach. He therefore brought the whole nation to order."
Thus only when the ruler is fit to be to his people a model father, a model son and a model brother, will the people take him as their model.

9. This is, then, what is meant by saying that good government in a country depends upon putting one's house in order.

IX

1. Now what is meant by saying that peace and order throughout the world depends upon having good government in one's own country, is this. When those in authority honour old age, the people will become dutiful sons. When those in authority respect and obey their superiors, the people will all become good citizens. When those in authority take care of the poor and helpless, the people will not neglect them. Thus a gentleman has a self-measuring rule.

2. What a man hates in the conduct of those who are above him, let him not show it in his treatment of those who are under him. What he hates in the conduct of those who are under him, let him not show it when doing his duty to those who are above him. What he hates in the conduct of those who go before him, let him not be the first to show in dealing with those who come after him. What he hates in the conduct of those who come after him, let him not follow their example and show in dealing with those who go before him. What he hates in the conduct of those who are on the right hand of him, let him not show in dealing with those who are on the left hand of him. What he

hates in the conduct of those who are on the left hand of him, let him not show in dealing with those who are on the right hand of him. This is what is called a self-measuring rule.

3. The *Book of Songs* says: "How the people love the prince who is a father and a mother to the people." To love what the people love and to hate what the people hate: that is what is meant by being a father and a mother to the people.

4. The *Book of Songs* says:
Lofty like the southern hill, With its rugged mass of rocks;
Awful you are, my lord of Yin, The people all look up to you.
Those who are responsible for the government of a nation cannot be too careful in what they do. The least mistake on their part will have awful consequences to the world.

5. The *Book of Songs* says:
Before the Yin rulers had lost the hearts of the people, They found favour in the sight of God;
Take warning then from the House of Yin, The great High Mission is not easy to hold.
This means that when a ruler gains the heart of the people, he will gain the kingdom; when he loses the hearts of the people, he will lose the kingdom.

6. Therefore the first care of the ruler is to make sure that he has the moral qualities. Who has the moral qualities, has the people; who has the people, has the land; who has the land, has the revenue; who has the revenue, has the power to use it.

7. Moral qualities are the foundation of a nation. Wealth is but the means. When the ruler mistakes the end for the means and the means for the end, the

result will be rapine and scrambling for wealth among the people. Therefore the accumulation of wealth in a few hands leads to the dissolution of Society, while the distribution of wealth among the many contributes to the stability of Society.

8. Hence it is said: "Words spoken in violence will return again with violence, and wealth gotten by violence will be taken away by violence."

9. The *Commission of Investiture to Prince K'ang* says: "The Divine Mission is not given us for ever." That is to say, if we are good, we shall win it; if we are not good, we shall lose it.

10. In the *History of the Kingdom of C'hu*, it is said: "There is naught that the people of C'hu deem precious; goodness alone they deem precious."

11. Fan, the uncle of Duke Wen of the Kingdom of T'sin, while the Duke was in exile abroad, said: "Our Prince now in exile considers nothing as precious; he only holds as precious his love for his parents."

12. In his speech from the Throne, the Duke of T'sin said: "Let me have as my Minister a plain and simple man who has absolutely no other qualification except a free and open mind and a broad and tolerant spirit; who regards the possession of abilities by others as if he possessed them himself; who shows his broad and tolerant spirit by taking the same delight in the superior intelligence of others as he would were it his own. Such a man will be able to protect our children and grandchildren, the black-haired people. He will benefit us in every way. A man, on the other hand, who, when he sees others possessing abilities, is envious of and hates them; who, when he sees superior intelligence in others, shows his narrow and intolerant spirit by putting difficulties in their way, so that they cannot get known, such a man will not be able to protect our

children and grandchildren, the black-haired people. He will in every way be a man dangerous to us all."

13. It is the duty of all good men to banish such a man and drive him to live among the uncivilized heathen, not to allow him to live with us in China. This is what is meant by saying: "It is only the truly good and moral man who can love or hate others."

14. To see men of worth and not be able to raise them to office, but to keep them in a subordinate position under you, that is gross neglect of duty. To see bad and unworthy men and not be able to remove them, — that is weakness.

15. To love and like those whom all men hate and dislike; to hate and dislike those whom all men love and like; that is to outrage the natural feeling of men. Calamities will be sure to overtake a person who thus acts.

16. Thus in life there is one great law for a gentleman. If faithful and trustworthy, he is sure to succeed; if proud and careless, he is sure to fail. In the same manner in the production of wealth there is one great law. When there are many who produce and few who consume; when those who work, work hard, and those who spend, spend slowly; then there will always be plenty of wealth in the nation.

17. Moral men make money to live. Immoral men live to make money.

18. You will never find where the rulers are human and kind that the people do not love honour and duty. You will never find where the people in a nation love honour and duty, that the affairs of that nation do not prosper, and that the wealth in the nation does not belong to the ruler.

19. The noble Lord Meng Hsien said: "The man who keeps horses and carriages, does not look after fowls and pigs. The family that stores ice in the house, does not rear oxen and sheep. In the same manner the ruler of a nation should not keep a minister whose sole aim is to exact as much money as he can from the people. Rather than have such a minister, it were better to have a minister who openly robs him."
This is what is meant by saying that what really makes a nation prosperous is not wealth and material prosperity, but honour and duty.

20. When a ruler who wishes to make his nation prosperous and great, devotes his attention only to questions of finance and revenue, he is surely under the influence of some base and ignoble person. When such a base and ignoble person directs the affairs of a nation, even though he be a man of ability, calamities and disaster will follow, and then even a good man who comes after him, will be able to do nothing. This, then, is what is meant by saying that what really makes a nation prosperous is not wealth and material prosperity, but honour and duty.

『대학』의 교육원리

3강령 8조목의 교육사상

『대학』의 교육원리[1] - 3강령 8조목의 교육사상-

Ⅰ. '대학(大學)' - 어른을 위한 교양교육

동아시아 사회, 특히 중국과 한국에서 유학(儒學)은 수기치인(修己治人)의 학문으로 오랜 전통을 지니고 있다. 서구의 근대 학문이 도입되면서 그것의 실제적 영향력은 감소되었으나, 아직도 국민들의 무의식이나 행위양식 속에 잠재되어 있기도 하고, 소수의 학자들에 의해 명맥이 이어져오고 있다.

유학 가운데 조선시대를 풍미했던 유학은 주자학(朱子學) 또는 성리학(性理學)으로 불린다. 주자학은 주자(朱子: 朱熹, 1130~1200)가 집대성한 학문이라는 의미에서 붙여진 명칭이고, 성리학은 '성명의리지학(性命義理之學)을 줄인 말로 심성(心性)의 수양을 철저히 하면서 규범 법칙 및 자연 법칙으로서의 의리를 깊이 연구하여 그 의미를 완전하게 실현하려는 유학이다. 한마디로 말하면 존심양성(存心養性)과 궁리(窮理)를 지극히 중시

1 이 글은 신창호, 『『대학』 유교의 지도자 교육철학』(교육과학사, 2010)/『『대학』 왜 고등학문의 바탕인가-주자학의 시선』(우물이 있는 집, 2020)의 내용을 요약 정돈한 것이다. 구홍밍의 『대학』영역본 해설을 이해하는 데 도움을 주기 위해 수록하였고, 편의상 원문과 참고문헌을 모두 생략하였다. 구체적으로 인용근거를 확인하려는 독자는 위의 두 책을 참고하기 바란다.

하는 학문이다. 유학의 여러 경전 가운데 『대학(大學)』은 학문의 기본 강목(綱目)을 담보하고 있는 문헌으로, 유학의 알파이자 오메가이다.

동아시아의 유학 교육는 크게 '소학(小學)'과 '대학(大學)'으로 범주화 할 수 있다. '소학-대학'의 교육 단계별 구조는 현대적 의미의 과학적 교육학처럼, '초등-중등-고등' 교육으로 명확히 분류하지 않고, '소인(小人; 어린이)-대인(大人; 어른)' 교육으로 대별하였다. 유학의 기본은 '소학'을 통해 인간의 기본적 행위 예절과 초등 수준의 기초 지식을 체득한 후, '대학'에서는 그것을 보다 높은 차원에서 확인하고 철저히 실천하기 위한 사물의 원리 탐구에 초점을 맞춘다. '소학'이 형이하학(形而下學)적 행위(行爲)의 측면을 강조했다면, '대학'은 형이상학(形而上學)적 원리(原理)를 다룬다. 이 두 교육이 유기체로 표현된 교육적 사유가 '하학이상달(下學而上達)'이다. 아래에서 위로 점차적으로 실천해 가는 점진적 교육과정! 학자에 따라 『소학』을 교육의 근본으로 강조하기도 하는데, 그것은 소학에서 대학까지의 실제 내용이 동일하고, 낮은 단계에서 높은 단계로 나아가는 연속성을 지니고 있기 때문이다. 이러한 교육의 체계는 현대 교육학으로 이해하면 '아동(兒童)'교육에서 '성인(成人)'교육으로 나아가는 연속적 양식을 보여준다.

이런 교육의 설정단계에서 『대학(大學)』은 유학의 기본 경전으로 자리를 확보했다. 특히 성리학(性理學)을 집대성한 주자에 의해 『대학장구(大學章句)』로 거듭나면서 유학의 교육학이자 정치학의 핵심적 지위를 차지하게 된다. 『대학』은 내면적으로는 수신(修身)의 학문(學問)이고, 외면적으로는 경세(經世)의 사상이다. 그 구체적 실현은, 현대적 의미로 이해한다면, '교육'과 '정치경제'를 학문의 근간이자 축으로 삼았다.

그러기에 전통적으로 유학을 '수기치인(修己治人)'으로 요약해왔다. 이

때 '수기'는 교육에 '치인'은 정치에 대비하여 설명할 수 있다. 그것은 교육을 통해 내면적 인격과 인간됨을 강조하면서 삶의 실제 내용을 구성하고, 정치를 통해 교육의 성과를 바탕으로 삶의 형식을 최선으로 갖출 수 있도록 외부적 조절과 통제, 질서를 확립하는 삶의 양식이다. 물론 편의상 교육과 정치로 나누어 이해한 것일 뿐, 두 축은 늘 하나의 근간으로 삼투(滲透)된다.

주자는 『대학』을 "대인(大人)의 학문"이라고 명명했다. '큰 사람', '어른', 또는 '지도급 인사'들이 실천하는 교육이라는 의미다. 즉 대인(大人)을 '어른'으로 이해하고, 소인(小人)과 대비시켜 '대학'을 어른의 학문, 현대적 의미의 성인교육으로 이해할 수 있다. 하지만, 보통교육 수준인 '소학'과 달리 '대학'은 근원적으로 지도성을 지닌 인간을 양성하는 교육의 이념이자 방법으로, 의미 있는 선발(選拔)의 과정을 거친다. 성인교육으로서 그 본질은 지도성을 갖추기 위한 교육, 리더(leader)를 양성하는 데 필수적인 학문이 된다.

다시 말하면, 대학은 통치자와 피치자 사이의 질서 의식이나 사농공상(士農工商)의 계급·계층이 뚜렷했던 사회에서, 이른바 대인(大人; 어른)과 군자(君子)에 해당하는 최고통치자나 고위 관료, 중간급 또는 공무원에 해당하는 사(士)계급이 누렸던 학문이다. 왕(王)을 정점으로 하는 왕정 사회에서 최고의 인간, 즉 성인(聖人)이나 지도자로 추앙받는 존재는 왕이다. 그러므로 대학은 기본적으로 제왕(帝王)의 학문(學問)이고, 확대 해석하면, 그 아래 단계의 군자(君子; 大人)에 해당하는 관료 지도자들이 실천해야 하는 학문으로 볼 수도 있다. 군자를 지향하던 유학자들은 이런 지도성(指導性: leadership)의 수련 과정을 삶의 궁극 목적으로 삼았다. 현대적 의미로 해석한다면, 사회 지도층 인사들을 위한 성인교육에 해당한다. 요컨대, 『대학』은 어른들이 배우고 깨달아야 하는 교육으로 옛날의 최고교육기관으로서 오늘날의 대학에 해당하는 태학(太學)에서, 예비 지도자들을 수련하던 체계적이고 포괄적인 내용을 담고 있다.

Ⅱ. 3강령(三綱領)-교육의 세 가지 방침

『대학』에서는 성인, 또는 지도자 교육의 기본 원리를 세 가지로 제시한다. 그것이 유명한 3강령(三綱領), '명명덕(明明德)-신민(新民)-지어지선(止於至善)'이다. 이 세 가지 강령은 유학의 교육 원리이자 정치 원칙이며, 유학이 추구하는 이상적 세계상으로 나아가는 이치이다. 따라서 교육과 정치, 인간 삶의 이상향을 지향하는 3강령은 서로 분리된 다른 차원의 개별적 강령이 아니라, 유기체적 짜임이자 체계다. 그 내용의 핵심이 지도자로서 수양과 세계의 다스림에 관한 것이다. 이를 유학자들은 인간으로서는 최고의 이상적 모델인 성인을 꿈꾸는 '성학(聖學)'으로 묘사했다. 성학은 '성인이 되는 것을 배우는 학문'이면서 동시에 '성왕이 되는 것을 배우는 학문'이다. 현실적으로는 왕이 배우는, 또는 배워야 할 학문이라는 의미로 자주 쓰인다. 『대학』은 바로 성스러운 인간으로 나아갈 수 있는 학문의 기본 양식이다. 그 속에는 왕, 다시 말하면, 군주제 왕정사회에서 정치와 교육의 차원에서 최고지도자 또는 최고의 교육지도자로서, 교사가 배우고 실천해야 할 교육의 이념과 지향, 목적과 목표, 과정과 내용이 들어 있다. 이를 포괄적으로 보여주는 것이 『대학』 3강령이라는 교육의 원리이다.

1. 명명덕(明明德)-자기성찰과 인격혁신

『대학』이 제시하는 교육의 첫 번째 원리는 명명덕(明明德)이다. 이는 '명덕(明德)을 밝힌다'는 말이다. 그렇다면 '명덕(明德)'이 무엇인지 구체적으로 구명해야 의미가 분명해진다. '명덕'은 글자 그대로 본다면, '밝을 명(明), 얻을 덕(德)'이므로 '밝게 얻은' 그 무엇, '밝은 덕'이다. 이미 '밝게 얻은' 덕인데, 이 '밝음'을 왜 또 '밝힌다'고 했을까?

'덕(德)'의 옛날 글자는 '덕(悳)'이다. 덕(悳)은 직(直)과 심(心)이 결합된 글자다. 그러기에 덕은 '직심(直心)', '곧은 마음', 또는 '바른 마음'이라는 의미다. 이는 사람의 본성에서 우러나온 자연스러운 인간미로 '진정(眞情)의 흐름'을 말한다.

'명덕(明德)'에 대해서는 학자들 사이에 견해가 다양하다. 정현(鄭玄, 127~200)의 『예기정의(禮記正義)』에 의하면, "지극한 덕"이라고 하여 최상의 덕, 최고선과 같은 의미이고, 공영달(孔穎達, 574-648)은 "자신의 빛나고 밝은 덕"이라고 풀이하였다. 보다 구체적이고 체계적인 해석은 주자의 『대학장구(大學章句)』에 의해 이루어졌다. "명덕은 사람이 하늘에서 얻은 것으로, 허령불매(虛靈不昧)하여, 온갖 이치를 갖추고 모든 사물에 응한다. 다만 기품(氣稟)에 따라 구애받고 사람의 욕심에 가려지면, 때로는 어두운 적이 있으나 그 본체를 밝히는 작업을 그친 적이 없다."

명덕(明德)에 대한 주자의 풀이는, 세 가지 차원에서 정의된다. 첫째는 명덕의 존재 근거이고, 둘째는 명덕의 존재 양상이며, 셋째는 명덕의 지향성이다. 이는 이어서 두 가지 양태로 활동한다. 하나는 불선(不善)에로의 추락이고, 다른 하나는 최고선(最高善)을 희구한다. 사람은 이 두 경계 지점에서 심각한 일상을 경험하며 활동한다. 다시 말하면, '선(善)'-'불선(不善)'이라는 두 가지 양태는 '어두움에로의 전락' 또는 '밝음의 회복'과 관련된다. 그것은 덕의 현실적 상황으로 말미암아 나타나는 필연적 현상이다. 대부분의 경우, 명덕은 원래 '밝은' 속성을 지니지만, 본래의 모습 그대로 또렷하게 빛나는 존재로 지속되지 않는다. 은폐되고 속박된 상태로 자리한다. 그러므로 유학은 명덕 본래의 모습을 회복하는 데 이론의 전반을 투영한다.

주자의 설명에 따르면, '사람이 하늘에서 얻은 것'은 명덕의 존재 근거이고, '허령불매(虛靈不昧)하다'는 표현은 명덕의 양상이며, '온갖 이치를 갖추고 모든 사물에 응하는 것'은 명덕의 지향성이다.

첫째, 명덕의 존재 근거, 즉 '사람이 하늘에서 얻은 것'이란 무엇을 말하는가? 하늘과 사람의 관계는 중국 사상사에서 아주 복잡하게 논의되지만, 주자학 계열에서는 하늘과 사람의 관계를 설명할 때, 하늘은 천리(天理), 또는 리(理)로 정의된다. 하늘[天]이나 천리(天理), 리(理), 태극(太極) 등은 동일한 철학적 범주의 다른 표현이다. 이들 범주는 최고인 동시에 영원한 우주의 본체다. 그것은 기(氣)를 발생하고 기운(氣運)의 활동력을 통해 만물을 소생한다. 그리고 사람에게서는 가장 근본적인 윤리의 기준이나 원칙이 되기도 한다.

이는 두 가지 측면에서 뉘앙스를 달리한다. 하나는 사람의 본성을 가리키는 것으로 하늘의 명령에 의해 부여된 본성인 천명지성(天命之性)이다. 천명지성은 우주의 본체인 하늘 또는 천리에서 직접 기원하는 것이다. 이때 하늘과 사람은 동일한 맥락에서 이해된다. 다른 하나는 인간의 물질에 대한 욕구를 가리킨다. 그것을 흔히 인욕(人欲)이라고 한다. 천리와 인욕의 관계는 앞에서 설명한 천리와 본성의 관계와 대비해볼 때, 서로 상반된다. 서로 같지 않을 뿐만 아니라, 대립적이다. 천리를 보존하려면 반드시 인욕을 깨끗이 제거해야 한다. 이는 명덕의 활동성과 연관된다.

하늘과 사람이 동일한 맥락에서 논의된다면, '사람이 하늘에서 얻은 것'인 명덕은 사람이 타고나면서 지니고 있는 본래적인 것이다. 흔히 마음과 몸을 통괄하는 의미인 심신(心身)이라는 말로 구체화하지만, 몸이나 마음, 본성 등과 같은 하나의 개념으로 단언하기 어렵다. 때문에 주자는 다음과 같이 정의한다. "하늘이 사람과 물건에게 부여하는 것을 '명(命)'이라 하고, 사람과 물건이 받은 것을 '성(性)'이라 하며, 한 몸의 주인이 된 것을 '심(心)'이라 하고, 하늘에서 얻어서 빛나고 밝으며 바르고 큰 것을 '명덕(明德)'이라고 한다."

이렇게 본다면, '밝은 덕성'인 명덕(明德)은 내면에 간직된 사람의 광명정대(光明正大)한 그 무엇이다. 이는 하늘로부터 부여받은, 즉 태어나면서부터 갖추고 있는 본구적인 것이다. 비유하기가 쉽지는 않지만, 칸트(I. Kant) 철학으로 본다면 '이성(理性)'에 견줄 수 있다. 사람이 자기의 본성으로 지니고 있는, 이 생(生)의 덕(德)은 본래부터 순수하고 깨끗하다. 그러기에 명덕(明德)이라 했다.

둘째, 명덕의 양상인 '허령불매(虛靈不昧)하다'는 말은 어떤 의미를 담고 있는가? 허령불매는 '텅 비고 신령스럽고 어둡지[어리석지] 않다'는 의미다. 그것은 다름 아닌 '마음'이다. '텅 비어 있다'는 말은 일정한 내용이나 고정된 틀로 채워지지 않은 상황이다. 왕부지(王夫之, 1619~1692)의 경우, 이를 "본래 사사로운 욕심이 없다는 말이지, 허공과 같은 것으로 말해서는 안 된다"고 보았다. '텅 비어 있다'라는 표현은 흔히 마음의 속성을 설명할 때 쓰인다. '신령스럽다'는 말도 어떤 활동이 불가사의할 때 쓴다. 그것은 어떤 장애에도 방해받지 않고 자유자재로 활동하는 것을 의미한다. 이 또한 마음의 활동을 표현하는 말로 애용된다.

요컨대, '허령(虛靈)'은 마음의 본체다. '어둡지[어리석지] 않다'는 말은 '밝다[明]'라는 뉘앙스를 더욱 강조한 것이다. 마음은 오행(五行)으로 보면 화(火)에 속한다. 화(火: 불)는 훨훨 타면서 솟아오르고 환하게 빛나며 어둡지 않은 특성을 지녔다. 이런 모습을 본받기 때문에, 사람은 본성적으로 밝고 어리석지 않다. 그것은 '심(心)'이 '성(性)'과 '정(情)'을 통솔하는 데서 증명된다. 인의예지신(仁義禮智信)의 성(性)과 그 발현인 측은(惻隱)·수오(羞惡)·사양(辭讓)·시비(是非)의 정(情)이 밝은 지혜의 윤리가 되는 이유이기도 하다.

율곡 이이(栗谷 李珥, 1536~1584)의 경우에도 이런 견해에 충실하여 마음의 문제를 제시한다. 율곡은 '심(心)-성(性)-정(情)'의 관계뿐만 아니라 '의(意)'까지도 포괄적으로 논의하였는데, "성(性)은 심(心)의 이치[理]이고 정(情)은 움직임[動]이니 정이 움직인 후에 정으로 인하여 헤아리고 견줄 수 있는 것이 의(意)가 된다"라고 했다. 이때 문제의 핵심은 '심성정의(心性情意)'가 서로 분리되어 작용하는 것이 아니라, "하나의 길이면서 나름대로의 경계가 있다"는 점이다. 이렇게 볼 때, 명덕은 본래의 마음으로 규정할 수 있다. 그러므로 마음은 무엇에 구속되어 있지 않고 영묘한 능력을 지니고 있으며, 어둡거나 어리석지 않은 순수한 바탕이다.

셋째, 명덕이 지향하는 '온갖 이치를 갖추고 모든 사물에 응한다'는 말은 무엇인가? '온갖 이치를 갖추고 있다'는 말은 모든 사물이 제각기 특수한 이치를 지니고 있고, 그것이 다른 사물과 반응한다는 의미다. 개개의 사물이 지니고 있는 본성[性]이 바로 그 사물의 특수한 이치[理]가 되기 때문에, 주자는 '성즉리(性卽理)'라는 표현을 쓴다. 이는 성리학의 기본 테제가 된다. 따라서 사물이 지닌 본성[性]은 그것이 통째로 하나의 리

(理)다. 마음은 성(性)을 통괄하고 있으므로 모든 이치[理]를 갖추고 있다. 그러기에 모든 사물이나 상황에 대해 반응하고 행동할 수 있는 근원이 된다. 요컨대, 사람의 내면세계인 마음과 외부세계인 만사만물은 동일한 이치에 의해 관통되고 있다.

그렇다면, 두 가지 양태로 나뉘지는 명덕의 활동성은 어떻게 이해할 수 있을까? 그것은 앞에서 간략하게 지적했지만, 최고선(最高善)을 지향하느냐 불선(不善)으로 떨어지느냐의 문제이다. 즉 선(善)이냐 악(惡)이냐, 또는 밝음이냐 어두움이냐의 갈림길에서 긴장한다.

하나의 양태로서 '어두움으로 전락'하는 문제는 기품(氣稟)에 구애받고 사람의 욕심에 가려질 때 발생한다. 사람은 태어난 후에 생리적이고 체질적인 요소인 기품이나 살아가는 동안의 습속, 물욕 등 후천적 영향을 받는다. 때문에 밝고 곧은 마음인 명덕이 흐려지고 만다. 명덕이 흐려진다는 것은 악(惡)이 발생할 수 있는 계기가 된다. 때문에 흐려진 명덕을 다시 밝게 하여 본래의 모습을 드러내야 한다. 이것이 밝은 덕을 다시 밝히는 명명덕의 의미다. 타락하기 직전의 경계선에서 희미하게나마 빛나고 있는 명덕의 실마리를 잡아 당겨서 본래의 밝고 빛나는 불씨를 살려나가는 상황과도 같다. 이는 『맹자(孟子)』에서 사단(四端)으로 표현된다. 사람의 마음이 온전하게 굳은 상태의 착함인 성선(性善)의 존재가 아니라, 하나의 착할 가능성으로서의 유연한 씨앗이나 초목의 싹과 같은 실마리인 선단(善端)의 존재를 제시한다.

이미 잘 알려져 있듯이, 사단설(四端說)은 측은지심(惻隱之心)이 인(仁)의 단서[端]이고 수오지심(羞惡之心)이 의(義)의 단서이며, 사양지심(辭讓之心)이 예(禮)의 단서이고, 시비지심(是非之心)이 지(智)의 단서라는 말이다. 인의예지라는 성은 하나의 블랙박스 내부에 들어 있는 내용물처럼 눈으로 직접 볼 수는 없으나, 그 끝머리가 박스에서 외부를 향해 삐죽이 나와 있기 때문에, 그것을 실마리로 잡아당겨 나가면 형이상학적이고 초감각적인 성의 존재도 명확하게 인식할 수 있다는 논리다. 이것도 최초에는 빛나는 상태였는데, 나중에는 그 빛남을 상실하였고, 최후에는 사람들의 자기노력에 의해 그 타락을 극복하고 다시 빛나는 모습인 최초로 복귀할 수 있다.

다시 강조하면, 맹자는 "인간의 성품은 선한 씨앗, 싹을 지니고 있다"고 명백히 밝혔다. 그 싹이 바로 선단으로 언급했던 측은(惻隱), 수오(羞惡), 사양(辭讓), 시비(是非)로 대표되는 사단(四端)의 마음이다. 맹자에게서 교육은 이 사단의 확충이 핵심이다. 여기에서 말하는 사단으로서 선한 씨앗, 싹과 같은 착한 마음이 바로 명덕이다. 이 밝은 덕성은 사람이라면 누구나 다 지니고 있다. 다만 인간의 욕망에 의해 가리어져 있을 뿐이다. 유학의 교육목표는 욕망에 의해 가리어진 깨끗한 본래의 마음, 명덕을 회복하는 작업이다. 그래서 『대학』은 교육의 일차적 목표로 '선한 마음을 똑바로 인식하고 수양해 나가라'는 선언으로 시작했다.

결론적으로 명덕은 '밝은 마음, 곧은 마음, 순수하고 자연스런 마음'으로 귀결되고 명명덕은 그런 마음을 드러내는 작업이다.

그런데 '마음의 밝힘'은 어떻게 가능한가? 인간에게는 두 가지의 큰 정신 능력이 있다. 하나는 '인식 능력'이고 다른 하나는 '직관 능력'이다. 밝은 마음인 명덕은 직관 능력에 해당한다. 이 직관 능력이 밖으로 작용하여 외부의 사물 속으로 뚫고 들어가서 물자체(物自體)에 도달하게 된다. 마음은 직관 능력의 다른 이름이다. 그러기에 세상의 온갖 이치를 갖추고 모든 일에 대응한다. 사람은 이와 같은 생의 진리를 자기 본성에 갖추고 있다. 이 진리는 사람의 인습적·타성적 생활 가운데, 무자각 속에서 그 빛을 잃어버리기 쉽다. 명명덕은 그것을 자각하여 그 빛을 드러내는 작업이다. 이 자각의 전제 조건이, 3강령에 이어 그 실천 조목으로 등장하는 8조목(八條目) 가운데 '격물(格物)·치지(致知)·성의(誠意)·정심(正心)'의 실천을 쌓는 일이다. 이는 진리를 찾아 일상에서 실천하는 작업이며, 지(知)와 행(行), 지식(知識)과 도덕(道德)의 유기체적 통일을 희구한다. 이는 자아를 실현하려는 의지와도 통한다.

문제는 이러한 명덕이 펼쳐져서 밝게 되는 과정에 두 가지 유의할 점이 있다는 것이다. 하나는 명명덕의 주체 문제이다. 명명덕은 모두 '스스로 밝히는 일'이지, 외부의 힘에 의해 표출되는 것이 아니다. 즉 완전한 자기의 능동적 행위에 의한 자발적 공부다. 유학이 강조하는 수기(修己), 자기수양, 또는 자기교육이 이것이다. 수신(修身)은 내가 스스로 자율적으로 하는 고도의 수련 과정이다. 다른 하나는 타고나면서 하늘이 부여해준 그 명덕을 '돌아보는' 작업이다. '돌아본다'는 것은 나의 관심과 눈을 항상 그 마음에 두라는 말이다. 이는 말마다 반성·성찰하며 언제나 꾸준히 노력하는 자세, 힘쓰는 생활 태도를 말한다. 밝은 마음을 보존하고 가꾸어가려는 '꾸준함,' '지속성'이야말로 인간 행위의 근원인 마음의 수호천사이자, 생명의 담지자(擔持者)다.

때문에 명명덕(明明德)은 두 가지 방면의 공부를 요청한다. 첫 번째는 '스스로 자기의 덕을 밝히는 일'이고, 두 번째는 '세상 모든 사람의 덕을 밝히는 작업'이다. 첫 번째 것은 수기의 문제로 개인의 수양 공부이며, 두 번째 것은 타자에게 각각 자기 자신의 본성을 회복하게 한다. 사람이 각자의 본성을 회복하면, 각자의 성품과 직분의 고유한 것을 알뿐만 아니라 직분과 역할의 당연한 것에 힘써서 그 직분과 역할을 다할 수 있게 된다.

인간의 문제는 사실 자기 실존과 타자와의 관계 문제가 중심이다. 참다운 인간 존재는 고립된 실존 속에 있는 것이 아니라 관계 형성을 통해서 드러난다. 『대학』의 명명덕은 이러한 자아와 타자의 마음이라는 양측면을 동시에 고려한다. 다시 말하면, 개인의 착하고 순수한 마음과 타인의 그러한 마음을 회복하려는 노력이다. 타인에게 관심을 갖는다는 사실은 이어서 등장하는 '신민(新民)'의 문제와 직결된다.

이렇게 이해한다면, 명명덕은 자기의 마음을 스스로 밝히는 성찰이자 깨달음이며, 새롭게 거듭나는 자기교육이다. 그것은 적극적인 자기혁신을 통해 착하게 거듭나는 마음의 총체다.

2. 신민(新民) - 타자배려와 사회개혁

교육의 두 번째 원리는 신민(新民)이다. 이는 '백성을 새롭게 한다'는 의미다. 한 공동체를 인도하는 지도자의 입장에서 구성원을 새로운 인간으로 형성한다는 시각으로 볼 수 있다. 신민(新民)은 원래 '친민(親民)'이었으나, 주자에 의해 적극적으로 수정된 개념이다. 주자는 『대학장구』 첫머리 주석에서 정자(程子)의 견해를 빌어, 옛날 『대학』의 원래 기록인 『대학고본(大學古本)』의 '친민(親民; 백성과 친하게 한다)' 부분에서 '친(親)'자를 '새롭게 한다'는 뜻인 '신(新)'자로 고쳐 신민(新民)으로 해야 옳다고 보았다. 그 이유는 다음과 같다. "신(新)은 옛날의 잘못된 점을 고친다는 것이다. 이미 스스로 그 밝은 마음을 밝혔으면, 또 마땅히 미루어 남에게까지 미쳐서, 그도 또한 옛날에 물든 더러움을 제거함이 있음을 말한 것이다." 여기에서 주자는 '신(新; 새로움)'을 언급할 때, 옛날의 오류를 고친다는 점에서 혁신과 개혁을 선언하고 있다. 물론, 정치적으로 이해할 때, 어리석은 백성, 과오로 가득 찬 백성을 교화한다는 차원의 이념이 배어 있다.

백성으로 인식되는 '민(民)'은 '맹(氓)'과 같은 글자다. '어리석다'라는 뜻의 '우(愚)'나 '어리다'라는 의미의 '유(幼)'로 이해된다. 유학에서 '민'은 대개 통치의 대상인 동시에 나라의 근본으로 여겨진다. 맹자의 경우, 나라의 근본으로 백성을 다음과 같이 자리매김한다. "백성이 가장 귀중하고, 사직이 그 다음이고, 군주는 가벼운 것이다."라고 했다. 그러므로 유학을 '민본주의(民本主義)'라고도 한다. 그러나 백성은 '어리석은' 존재이므로 깨우침의 대상이 된다. 따라서 먼저 깨달은 성인·군자[통치자]가 그들을 온전한 인간으로 성장시키고 깨우칠 수 있도록 하는 제도적 장치가 정치이고 교화며 교육이다.

그러므로 주자는 글자를 고쳐가면서까지 자신의 의지와 철학을 강조했다. 교육적으로 볼 때, 그것은 가소성(可塑性)을 전제로 한 인간의 변화, 교육가능성을 제기한 것이다. 즉 옛날에 물든 더러움, 과오를 고치는 혁신을 의미한다. 나로부터 타인에로, 옛날로부터 지금에로의 점진적 진보를 기준으로 새로움을 추구한다. 이렇게 볼 때, 신민에는 지도자로서 모든 구성원들의 과오를 고쳐가려는 개혁적 사고가 내포되어 있다.

그러나 왕수인(王守仁: 王陽明, 1472~1528)은 주자가 '친민(親民)'을 '신민(新民)'으로 고친 것을 오류라고 지적하고, 『대학고본』 그대로가 정확하다고 보았다. 맹자의 학설을 적극적으로 받아들여 친민을 주장하는데, 『대학문(大學問)』에서 다음과 같이 자신의 의견을 피력한다. "명명덕(明明德)은 천지만물과 한 몸을 이루는 본체[體]를 세우는 작업이고, 친민(親民)은 천지만물과 한 몸을 이루는 작용[用]을 달성하는 일이다. 마음을 밝히려면 반드시 백성과 친애해야 하고, 백성을 친애하는 것이 바로 그 마음을 밝히는 까닭이다. 나의 부모를 친애하여 남의 부모 및 세상 모든 사람의 부모에 미친 후에 내 마음의 어짊[仁]과 나의 부모·남의 부모·세상 모든 사람의 부모는 서로 일체를 이루게 된다. 실제로 그들과 일체를 이룬 후에 효도하는 착한 마음이 비로소 밝아진다. 그리고 나의 형·남의 형·천하 모든 사람의 형도 일체를 이루게 된다. 실제로 그들과 일체를 이룬 후에 공경하는 착한 마음이 비로소 밝아진다. 임금과 신하, 친구 관계, 심지어 산천, 귀신, 금수, 초목 등도 실제로 그것을 사랑하면, 내 한 몸의 어짐을 이룰 수 있다."

또 『친민당기(親民堂記)』에서는 명명덕(明明德)과 친민(親民)의 관계를 동일하게 보고, 일관되게 백성을 사랑하라고 주장한다. "정치라는 것은 바로 백성을 사랑하는 일이다. 백성을 사랑하는 일은 무엇인가? 명덕을 밝히는 일이다. 명덕을 밝힌다는 것은 무엇인가? 백성을 사랑하는 일이다. 명명덕(明明德)과 친민(親民)은 동일한 일인가? 한 가지 일이다."

이렇게 볼 때, 주자의 신민(新民)과 왕수인의 친민(親民)은 의식의 차이로 인식할 수 있다. 신민은 백성을 교육시키는 '교화의식(教化意識)'이고, 친민은 백성과 한 몸이 되는 '동화의식(同化意識)'이다. 주자의 경우, 대상화 과정을 거친 사물의 객관적 이치를 명석하게 확인한 후에 판명되는 이치를 지키고, 그에 따른 합리적 방법으로 최고선에 이를 수 있다고 본 것이다. 반면, 왕수인은 나와 사물을 대상화할 수 없다고 생각한다. 그러기에 주자는 명명덕과 신민의 관계에서 명명덕을 근본으로 하고 신민을 말단으로 하여 주관과 객관이 내외(內外)로 상대하는 형식을 취한다. 하지만 왕수인은 명명덕과 친민이 동일한 양식으로 드러난다.

그런데 주자는 뒷부분에 등장하는 "구일신(苟日新), 일일신(日日新)"이라는 구절을 증거로 들어 개정의 정당성을 확보한다. 이러한 주자의 견해를 고려할 때, 어떻게 새롭게 고쳐나가는가? 주자의 사고는 그렇게 간단하지가 않다. 아주 난해하다. 피상적으로 이해하면, 신민은 '백성을 새롭게 한다'라는 점에서 단순히 통치자나 교육자가 피통치자나 조직의 구성원들을 교화하거나 의식화하는 수준에 머물고 만다. 이런 이해가 오해를 불러일으킨다. 유학은 누가 누구를, 즉 타인이 나를, 혹은 내가 타인을 일방적으로 함부로 다스리거나 교육하는 그런 사유 장치가 아니다. 그 전제 조건은 늘 '자신이 새롭게 되어야 하는 것,' 자기수양과 반성이 우선 된다. 다시 말하면, 수기(修己), 자기수양이라는 철저한 내면의 성찰을 거친 이후에야 남을 새롭게 하는 치인(治人)을 할 수 있다. 이 내면적 성찰의 자기수양이 바로 첫 번째 원리였던 명명덕이다. 마음을 밝히는 작업은 외부에서 그 무엇을 더해주고 부가시키는 데 적극적이지 않다. 자신의 마음을 밝힘으로써 자신을 새롭게 하고, 타인도 새롭게 해 나가야 한다는 데 관심을 둔다. 그러기에 주자는 신민을 해석하면서 새로움을 향한 끊임없는 열정을 강조한다. "진실로 하루에 그 옛날에 물든 더러움을 씻어서 스스로 새로워짐이 있으면, 이미 새로워진 것을 바탕으로 나날이 새롭게 하고, 또 나날이 새롭게 하여, 조금이라도 새롭게 하는 활동이 끊어져서는 안 된다."

이는 탕 임금이 자신의 목욕통 가장자리에 새겨놓고 스스로 경계했다는 유명한 구절인 "구일신(苟日新), 일일신(日日新), 우일신(又日新)"에 대한 주석이다. 흔히 "일신우일신(日新又日新)"으로 알려져 있는 이 구절은 '끊임없는 자기로부터의 혁명'을 제기한다. 주자는 여기에 의미를 증폭시켜, "북치고 춤추게 하면 자연히 새롭게 되는 백성을 더욱 진작시킬 수 있다"라고 보았다. 이는 다시 개인의 차원에서 국가 공동체를 새롭게 구성하려는 노력으로 승화한다. 신(新)의 문제를 사회개혁, 문화변혁, 또는 혁명의 문제로 인식한 것이다. 그것은 "주나라가 아주 오래된 나라이나,

그 명(命)이 오직 새롭다"는 표현으로 드러난다. 이는 주나라 문왕이 새로운 문화를 일으키며 덕을 새롭게 가다듬어 백성에게 두루 미친 상황을 노래한 시다. 당시 주나라 사회의 혁명적 상황을 잘 보여준다. 폭정에 시달리는 백성을 위해 문왕은 유신(維新), '오직 새롭게' 바꿔야 한다는 사회개혁을 선언하며 변혁을 꾀했다. 물론 새로움의 전환 이전에 자기수양과 단련, 그 교육이 바탕이 되었음은 당연하다.

주자가 인식한 '신민(新民)'의 대강은 다음과 같이 정리된다. 먼저 신(新)은 두 가지 의미로 나눌 수 있다. 첫째는 스스로 새롭게 하는 자기혁신[自新]이고, 둘째는 남을 새롭게 하는 타자혁신[新民]이다. 하지만 이 두 가지는 분리되지 않는다. 연속적이고 유기체적이다. 자기혁신은 타자를 혁신하는 일에 미치지 않으면 안 된다. 이는 자신의 수양 문제인 수기(修己)와 그것을 바탕으로 타자를 다스리고 교육하는 치인(治人)의 문제로 연결된다. 그러므로 신민의 실천은 8조목에서 제가(齊家)·치국(治國)·평천하(平天下)의 구체적 내용이 되고, 정치·경제·사회생활의 안정을 얻게 하는 여러 조건의 핵심이 된다. 다시 말하면 이는 '수기-치인'의 '내면-외면'적 새로움과 '과거-현재-미래'의 진보적 개혁을 동시에 담보하고 있다. 스스로 새롭게 함은 이미 타인을 새롭게 하는 계기다. 그리고 과거를 바탕으로 현재와 미래로 지속가능한 사회를 모색하는 작업은 전통의 생명의식을 보여 준다. 이것은 유기체적 과정이다. 그렇다 하더라도 여기에서 신민의 무게중심은 스스로 새로움을 추구하는 자기혁신, 자기수양에 있다. 자기수양을 통해 남을 새롭게 하는 일은 지극히 자연스러운 논리다. 그것이 왕의 교화(敎化) 차원에서 논의되건, 백성을 배려하는 차원이건, 타자에 대한 적극적 관심과 이해이자 교육이라는 점이다.

포괄적으로 정의하면, 교육의 근본 의도는 사람을 새롭게 하는 데 있다. 앞에서 언급한 것처럼, 사람은 타고난 기품(氣稟) 관계와 환경적 요인에 의해 일상에서 잘못을 저지르고 죄악을 범하여 자기의 착한 본성인 명덕을 잃기 쉽다. 교육은 이런 상황에 처해 있는 사람들에게 자기의 경험을 반성하고 과거의 잘못을 깨달아 앞으로 바른 길을 찾도록 하는 일이다. 그것은 처음부터 잘못되고 낡은 삶을 타파하고 새로운 길을 개척하는 과업을 의미한다. 요컨대, 교육은 잃어버린 자아, 그 진리의 세계를 찾고, 사람을 새롭게 하는, 신민의 일인 것이다.

3. 지어지선(止於至善)-지속 가능한 일상의 건설

교육의 세 번째 원리는 지어지선(止於至善)이다. 이는 문장 그대로 보면 '지극히 선한 곳에 그치는 일'로 해석된다. '지(止)'는 '그친다·머문다'는 뜻으로, 인간의 다리를 본뜬 글자다. 두발로 걷다가 멈추는 것을 상징한다. 그렇다고 완전히 정지하거나 끝마친다는 의미는 아니다. 주자에 의하면, "반드시 여기에 이르러 옮기지 않는다"라는 뜻이다. '반드시 여기에 이른다'는 것은 아직 얻지 못한 것을 얻으려는 작업이며, '옮기지 않는다'는 것은 이미 얻은 것을 잃지 않는 일이다. 다시 말하면, '이곳에 이르러 머물면서 그 뜻을 바꾸지 않는다'라는 의미로, '도달'과 '유지·지속'이 겸비되어 있다. 목표와 이상에 도달하기 전에는 그것을 달성할 수 있도록 힘쓰며, 목표가 달성된 후에는 다시 추락하지 않도록 유지·지속해야 한다.

그렇다면 어디에 이르러 옮기지 않는다는 말인가? 지극히 선한 곳, 지선(至善)의 경지다. 그것은 최고선(最高善)의 상황과 통한다. 주희는 지선(至善)을 "사리의 당연한 기준이나 표준"이라고 했다. 사리의 당연한 기준이나 표준은 사물의 이치나 당위 규범을 말한다. 사물이나 인간이 처할 수 있는 가장 적절한 곳, 중용적 거처다. 그 핵심은 앞에서 다루었던 명명덕(明明德)과 신민(新民)을 최고선의 경지에 멈추어 옮기지 않는 일이다. 정현은 이를 "저절로, 또는 스스로 처하는 곳"으로 풀이했다.

이렇게 볼 때, 명명덕과 신민의 실천은 이미 지선의 주요한 양식이다. 그것은 천리 자연의 법칙과 기준을 온전히 하는 데 있고, 아무리 사소할지라도 개인적 욕심이 없어야 한다. 명명덕을 지속하는 동시에 신민을 지속하여 자기개혁과 타인혁신에 최선을 다하는 상황이다. 이러한 모습으로 일상이 영위되는 공동체를 유학에서는 '대동(大同)' 사회라고 명명한다.

아름다운 공동체, 최고선에 의해 운영되는 지어지선의 형상을 묘사할 때, 『대학』에서는 『시경(詩經)』을 자주 인용한다. 시의 본질은 '사악함이 없는 것'과 '즐거워도 음탕한 데 흐르지 않고 슬퍼도 마음 상하지 않는' 조화와 조절에 있다. 그것은 마땅한 당위규범을 지속적으로 드러낼 때 가능하다. 이른바 중용(中庸) 사상의 핵심인 '중화(中和; 적절함과 조절의 극치)'를 생명으로 삼아야 한다는 말과도 같다. 중화에서 중(中)은 인간의 감정이 펼쳐지지 않은 내면의 상태이고, 화(和)는 감정이 펼쳐져 현실에 절도 있게 적절히 쓰이는 외면적 발출 상태다. 이 중화가 바로 최고선의 경지와 통한다. 『주역(周易)』에서는 이러한 머무름을, '때에 맞게 머무를 적에 머무르고 때에 따라 갈 적에 가는', 있을 자리에 머물러 있고 갈 자리에 가는, 때를 잃지 않은 것으로 묘사한다. 『대학』에서는 이런 최고선의 경지를 다음과 같은 노래로 표현한다.

"나라의 경계가 천리 / 백성이 머물러 사는 곳이다. / 꾹 꾹 우는 노란 새 / 저 언덕배기에 머물렀도다. / 깊고 높으신 문왕이시여! / 아! 계속하여 밝히시고 공경하시어 머무르셨다 / 임금이 되어서는 인(仁)에 머무르시고 / 신하가 되어서는 경(敬)에 머무르시고 / 자식이 되어서는 효(孝)에 머무르시고 / 부모가 되어서는 자(慈)에 머무르시고 / 사람과 사귐에는 신(信)에 머무르셨다."

이외에도 한두 편의 시를 인용하고 있으나, 백성과 새와 문왕의 사례를 통해 어디에 머물러야 마땅한지를 증명할 수 있다. 백성은 자기가 속한 나라에서 일하며 행복하게 살고 싶어 한다. 그것이 그들의 이상이다. 새는 산언덕의 나무나 숲이 우거진 곳에 보금자리를 튼다. 이는 백성의 본분을 새의 속성으로 비유했다. 그리고 고대의 성왕인 문왕을 예로 들어, 진정한 지도자가 머물러야 하는 경지의 극치를 보여준다. 다섯 가지의 당위규범인 '인·경·효·자·신'은 지선의 조목들 가운데 큰 것을 든 것이다. 이는 사실, 인간이 각자의 자리와 위치, 역할과 기능 속에서 명명덕을 밝히는 작업과 동일하다. 이 또한 사람마다 지니고 있는 역할과 본분의 이행과 연관된다.

『대학』에서는 이런 지선의 경지에 도달하는 지도자의 교육과정과 방법을 '절차탁마(切磋琢磨)'와 '슬한혁훤(瑟僩赫喧)으로 표현한다. "자르는 듯하고 깎는 듯하며, 쪼는 듯하고 가는 듯하다. 엄밀하고도 굳세며, 빛나고도 점잖다." 이는 학문과 공부, 즉 스스로 행실을 닦음과 마음이 두려워하는 것, 겉으로 드러나는 모습을 전체적으로 상징한 것이다.

'절(切)'은 자르는 데 칼과 톱을 이용하는 일이고, '탁(琢)'은 망치와 끌로써 쪼고 다듬는 일이다. 그리고 '차(磋)'는 줄과 대패로서 가는 작업이고, '마(磨)'는 모래와 돌로써 가는 작업이다. 뼈와 뿔을 다스리는 사람은 이미 잘라놓고 다시 이것을 갈며, 옥과 돌을 다스리는 사람은 이미 쪼아 놓고 다시 간다. 자르는 데 칼과 톱을 이용하고, 가는 데 줄과 대패를 이용하는 것은 모두 물건을 매만져 형체를 만드는 작업이다. 아울러 쪼는 데 망치와 끌로 하고, 가는 데 모래와 돌로 하는 작업은 물건을 윤택하게 하는 일이다. 형체를 만들고 그것을 다시 윤택하게 하는 일은 비유하면, 내심으로는 엄밀하고 꿋꿋하며 겉으로 드러날 때는 성대한 모양이다. '슬(瑟)'은 조심하고 공경하는 모양이고, '한(僩)'은 웅장하고 위엄 있는 모양이며, '혁(赫)'은 불빛이 활활 타오르는 모양이고, '훤(喧)'은 그 불빛이 크게 비치는 모양이다. 이는 아름다운 덕행과 옥석의 조용하고 우아함을 형용한 말로, 그것이 불빛처럼 환하게 밝아지는 것을 상징한다.

이처럼 지선에 머무르는 최고선의 상황은, 끊임없는 노력을 바탕으로, 도달되는 경지다. 마땅한 것, 사물에 걸 맞는 어떤 것이 있고, 그것을 제대로 쓰는 동시에, 빛나는 사물을 만들기 위해 적절한 방법으로 노력하는 것 자체다. 교육의 과정도 이와 마찬가지다. 교육의 기본적인 틀을 배우고 익힌 다음에는 세련미를 더하는 작업, 즉 응용하고 적용하고 새로운 것을 창조하는 정교화 작업이 수반되어야 한다.

이런 노력의 과정은 '도학(道學)'과 '자수(自修)'로 실천되고, 지도자로서 갖춘 내면적인 덕과 밖으로 나타난 용모는 '순율(恂慄)'과 '위의(威儀)'로 드러난다. 도학(道學)은 위에서 말한 절차(切磋)이고 자수(自修)는 탁마(琢磨)다. 순율(恂慄)은 슬한(瑟僩)이고 위의(威儀)는 혁훤(赫喧)에 해당한다. 도학은 교육의 기본 과정이자 틀이다. 이에 비해 자수는 그것을 스스로 체득하고 자기화하는 작업이다. 그런 노력을 통해 삼가고 두려워하며 몸을 움츠리면서도 엄격한 용모를 갖추게 되고, 존경하지 않고는 못 배길

정도의 법도에 맞는 행위자로 거듭난다. 이는 지도자 교육의 구체적인 원리로, 최고선을 지향하는 근본 이유를 가르쳐주고, 실천 방안을 마련해 주며, 성취의 모습을 보여준다.

앞에서 언급한 것처럼, '자르는 듯하고 깎는 듯하다'라는 '절차'는 강습하고 토론하여 자신의 지식을 넓히고 연구하는 일을 가리킨다. '쪼는 듯하고 가는 듯하다'라는 '탁마'는 자신을 깊이 성찰하여 착함으로 나아가려는 내적 노력이다. '엄밀하고 굳세다'라는 '슬한'은 두려워 떨면서 스스로를 깊이 경계하는 정신이다. '빛나고도 점잖다'라는 혁훤은 외모에 나타나는 태도나 풍채가 위엄 있고 예절에 맞아 당당한 모습을 말한다. 요컨대, 공부에 충실한 사람은, 지식과 실천이 축적되고 터득되어 몸에 가득히 배어있는 참 인간의 형상으로 살아난다.

이렇게 본다면, 지어지선은 어떤 고정된 형태로 있는 형이하학적 사물이 아니라, 일상에서 가장 적절한 삶의 지속성이다. 중요한 것은 절차탁마의 과정과 슬한혁훤의 달성을 통해, 그것을 생활에서 지속 가능한 삶의 생명력으로 이어가는 일이다. 그 완결된 몸과 정신을 지닌 인간이 바로 성인·군자이고 지도자의 전형이 된다.

Ⅲ. '삼강령'의 유기체 구조

문자 구조상, 3강령은 '재명명덕(在明明德)', '재신민(在新民)', '재지어지선(在止於至善)'에서 보듯이 '재(在)'자가 앞에 놓여 있다. '재'의 의미를 문자 자체의 존재론으로만 보면, '있다'라는 뜻이 되어, 3강령 하나하나가 독립적인 것처럼 보인다. 그러나 인식론·가치론적으로 보면, 그것은 사람을 가르치는 방법과 공부의 내용에서 처음부터 끝까지 일관된 조리가 있음을 보여준다. 이때 '재'는 그냥 막연히 '있다'의 의미가 아니라 '달려 있다'는 표현이 적절하다. 즉 '대학의 길은 명덕, 신민, 지어지선에 달려 있다'는 서술이 의미맥락에서 보다 구체적이다. 그러기에 '재(在)'자 때문에 세 원리를 독립적인 강령으로 보아서는 안 된다. 철저하게 유기체적 맥락과 구조 속에서 인식해야 한다. 3강령의 관계는 먼저 명덕을 밝히고, 다음으로 그 명덕을 써서 백성을 교화시킨 다음, 마지막으로 군신(君臣)과 부자(父子)를 비롯한 모든 사람을 최고의 경지에 처하게 하는 일이다.

유학은 '명명덕-신민-지어지선'의 관계에서, '마음을 밝히는 작업'과 '새롭게 하는 일' 이외에 별도로 최고선에 머무르는 경지를 설정하지 않는다. 마음을 밝혀 최고선에 머무르게 하는 것이 바로 명명덕이다. 그리고 이를 반드시 백성에게까지 확충하여 백성을 새롭게 교화시킨 다음에야 그 효과를 볼 수 있게 된다. 백성을 교화시켜 최고선에 머무르게 하는 것은 신민의 효과다. 이는 반드시 명명덕을 기초로 삼아야 한다. 다른 측면에서 보면, 최고선에 머무른다는 것은 명덕을 밝히는 작업과 백성을 교화시키는 일을 하나로 통일시키는 작업이다. 따라서 이 세 가지 강령은 하나로 통합된 원리이면서 다른 차원의 작용을 통해, 지도자가 실천해야 할 자기교육의 이념이자 지침이다.

명명덕은 스스로 마음을 밝히는 작업으로 자아실현이자 자기개혁이다. 그리고 신민은 백성에게 끊임없이 자아를 새롭게 하는 것, 타자혁신이자 사회변혁으로 이해할 수 있다. 스스로 밝힌 명덕은 신민의 근본이 되고 신민은 명명덕의 확충된 모습이다. 새로움은 자기혁신의 결과이자 타인의 혁신에 기여한다. 요컨대 지도자가 자신의 명덕을 밝히는 것을 기초로 백성을 갱신(更新)하고, 백성 스스로 명덕을 밝히게 하는 것이 백성을 새롭게 하는 신민이다. 따라서 명명덕에서 신민에 이르기까지 단절은 없다. 마음에 갖추어진 천리(天理)가 보편적이고 구체적인 인간의 윤리와 모든 사물의 이치에 합당할 때 최고선의 경지에 머물 수 있다. 이는 도덕 생명이 전면적으로 발현된 것이며, 지도자가 실천해야 할 교육의 완성이다. 따라서 '명명덕-신민-지어지선'은 실제로 지도자들이 배워야 할 원리의 유기적 통일체이다.

다시 정리해 보면, 명명덕은 사람들에게 있는 착한 마음을 드러내어 펼치는 작업이다. 이는 타인을 다스리려면 먼저 자신을 다스려야 하고, 천하를 평정하려면 반드시 자신이 먼저 미덕을 갖추어야 하는 근원적 조건으로, 자기교육, 자기수양이다. 다음으로 신민은 지도자가 실천해야 하는 교육의 근본 임무다. 이는 지도자의 근본 목적인 조직구성원의 통치를 위해, 타인에게 날마다 새롭게 의식을 가다듬게 하는 일이다. 잘못된 옛것을 버리고 올바른 새것을 펴면서 끊임없이 높은 도덕과 품성을 함양시켜야 한다. 그리고 지어지선은 지도자가 일상에서 실천해야 하는 근본 목표다. 명명덕과 신민은 모두 지극히 선한 경지에 도달하려는 노력이며, 자기개혁과 타인혁신을 통해 세상을 안정되게 다스리려는 일이다. 지어지선은 또 다른 하나의 독립된 강령이나 원리가 아니라 명명덕의 지어지선, 신민의 지어지선으로 녹아 들어가, 지도자들이 자기교육 가운데 지향하고 실천해야 할 근본 목적으로 자리한다. 요컨대, 명명덕은 지도자의 자기수양을 위한 근본 원칙이고, 신민은 근본 임무이며, 지어지선은 근본 목적이다. 이 원칙과 임무와 목적의 전일적 구성이 하나의 통일적 원리로 드러난 것이 '3강령'이다.

3강령의 체제에서, 사람을 가르치는 도리, 즉 교육의 원리는 어디에 있는가? 어떤 것인가? 다시 전체적으로 요약해 보자.

첫 번째 원리는 자신의 마음을 밝히는 자기개혁이다. 덕은 사람이 하늘에서 받은 이치로 본래는 사사로운 욕심이 없고 착한 텅 비고 밝았던 것이다. 그런데 사람은 태어날 때 기질을 받게 되고, 그것은 사물에 구속되는 근본 원인이 된다. 사물에 대한 욕심은 사람이 태어난 뒤에 가려져서 때로는 어두워진다. 그렇다고 타고난 본래의 밝은 덕, 착한 마음이 완전히 없어지는 것은 아니다. 때문에 배우는 사람은 타고난 본래의 마음을 확충하여 마음 전체를 모두 밝게 해야만 한다. 그리고 자기의 마음을 기반으로 타인의 비뚤어진 마음도 밝게 하여 어느 때나 밝지 않은 때가 없도록 하면 타인도 처음 타고난 성품을 회복하게 된다. 이것이 이른바 어른, 또는 지도자가 행하는 학문의 기본 체계이고 자기교육의 원리다.

두 번째 원리는 백성을 새롭게 만드는 사회혁신이다. 앞에서 언급한 밝은 마음, 덕은 사람이면 누구나 지니고 있다. 나 홀로 단독으로 얻은 것이 아니다. 다만 덕의 종류나 내용이 다를 뿐이다. 그러므로 훌륭한 덕을 지닌 사람은 어두운 덕을 지닌 사람들을 새롭게 하여 저들도 훌륭한 덕이 있도록 해 준다. 즉 스스로 밝게 하지 못하는 사람을 모두 새롭게 해서 그 옛날에 물든 더러운 것을 버리게 해 준다. 이것이 어른으로서, 지도자로서 유용하게 쓸 수 있는 학문의 작용이고, 타자교육의 원리이다.

세 번째 원리는 지극히 착한 곳에 머무르는, 일상의 지속가능성을 고려하는 작업이다. 내가 밝게 하여 새롭게 만든 것은 나의 책임 하에 스스로 만든 것이다. 다른 어떤 것으로부터 구차하게 얻은 것이 아니다. 하늘에서 얻은 이치는 일상생활에서 당연한 법칙으로 드러난다. 이를 지극히 선한 것이라고 한다. 지극히 선한 것은 반드시 자기의 덕이 밝지 않은 것이 없게 하고, 백성의 덕을 모두 새롭지 않은 것이 없게 하여, 이 둘을 다른 곳으로 옮기지 않게 한다. 이는 어른인 지도자가 실천해야 할 학문으로서, 그 체계와 작용이 유기체적 맥락과 구조 속에 있음을 보여 준다.

• 표 3강령의 유기체 구조와 교육원리

삼강령(三綱領)	작용	속성	교육 원리	교육 유기체의 길
명명덕(明明德)	천도(天道) 우주 자연의 법칙, 이치	이치의 터득 마음의 자각 본성의 이해	교육의 기본 틀 자아실현 성찰(省察) 자기개혁 자기각성 자기교육	성인의 자기 교육
신민(新民)	인도(人道) 사람의 법칙, 윤리와 도덕	도리의 확충 교화의 인식 교육의 확대	교육의 기초 작용 타자이해 교화(敎化) 타자혁신 타자인도 타자교육	어른 되기의 과정
지어지선(止於至善)	지도(地道) 일상의 지속 가능성 생활의 바탕 삶과 사회의 실천	건전한 생활 문화 건설	교육의 근본 효과 자기 계발의 지속 타자 교육의 실천 공동체의 건강함 확보	지도자의 길

Ⅳ. 8조목(八條目)-교육의 단계와 과정

주자에 의해 재편된 『대학장구』는 3강령(三綱領)과 8조목(八條目)이라는 교육의 원리와 실천과정을 더욱 체계화 한다. 3강령은 앞에서 설명한 것처럼, '명명덕(明明德), 신민(新民; 親民), 지어지선(止於至善)'이다. 8조목은 '격물(格物), 치지(致知), 성의(誠意), 정심(正心), 수신(修身), 제가(齊家), 치국(治國), 평천하(平天下)'다. 3강령이 인간 삶의 기본 원리를 제공해주었다면, 8조목은 그 과정과 실천의 방식이다. 그것은 개인의 수양 공부인 수신에서 인류사회 전체의 운용에 참여하는 평천하에 이르기까지, 교육의 실천 강령을 일목요연하게 서술하고 있다. 어떤 학자는 이러한 『대학』의 성격을 "국가 정치 및 세계 정치에 관한 유학의 이론을 가장 종합적이고 체계적으로 서술한 한 편의 정치 논설"로 규정한다. 교육학으로 환원해 볼 때, 3강령은 교육의 기본 원리이고, 8조목은 교육내용과 과정, 실천의 양식이다.

그런 만큼, 현대 중국혁명의 아버지로 추앙 받는 쑨원(孫文, 1866~1925)은 8조목을 정치철학적으로 강조했다. "중국에는 외국의 대정치가조차 아직도 간파하지 못한 가장 체계적인 정치철학이 있다. 『대학』에서 말하는 '격물,' '치지,' '성의,' '정심,' '수신,' '제가,' '치국,' '평천하'가 그것이다. 한 인간을 안에서 밖으로 발전시켜, 인간의 내부에서부터 평천하까지 밀고 나가는 것이다. 이와 같이 정미하게 전개된 이론을 외국의 어떤 정치철학자도 간파하지 못했고 말한 사람도 없었다. 이것이야말로 중국의 정치철학적 지식에서 독특한 보물이고, 어떻게 해서라도 보존하지 않으면 안 될 것이다."

이는 유학을 최고조의 삶의 지침으로 끌어 올렸던 조선의 경우에도 동일하게 적용된다. 주자는 1200년 3월 9일에 죽음을 맞이한다. 그는 죽기 3일 전인 3월 6일에 『대학』의 「성의(誠意)」장을 개정하고 첨순(詹淳)에게 필사시키며 그 위에 몇 개의 글자를 개정하였다고 전한다. 이처럼 주자는 『대학』에 온 힘을 투자하였다. 숨을 거두기 직전까지 『대학』의 수정과 보완에 몰두했던 주자, 그는 무엇을 염두에 두고 있었을까?

8조목 가운데 '격물(格物)'은 세계와 사물에 대해 조사하고 연구하고 탐구하는 작업이다. '치지(致知)'는 조사하고 연구하고 탐구한 내용을 제대로 인식하는 일이다. '성의(誠意)'는 뜻을 진실하게 품는 일이다. '정심(正心)'은 마음을 바르게 하는 작업이다. '수신(修身)'은 몸을 닦아 성숙을 거듭하는 일이다. '제가(齊家)'는 집안을 가지런히 하는 일이다. '치국(治國)'은 나라를 다스리는 일이다. '평천하(平天下)'는 세상을 고르게 하는 작업이다.

1. 격물(格物)·치지(致知) – 조사·연구·탐구를 통한 지식확보의 문제

격물치지는 주자의 사상 가운데 가장 중요하면서도 논쟁거리가 되는 부분이다. 8조목에서 맨 앞에 나오는 격물치지는 본래 망실(忘失)되었던 것을 주자가 「격물보전(格物補傳)」을 통해 새롭게 창조한 내용이다. 이것이 주자학의 특색을 살리는 구체적 근거가 된다. 다시 말하면, 주자 교육이론의 체계화 과정에서 핵심을 차지하는 대목인 것이다.

격물치지(格物致知)에 대한 주자의 구체적인 훈고(訓詁)는 "치지재격물(致知在格物)"을 언급하는 부분에서 확인된다. 주자는 '격(格)'을 '이르다[至]' 또는 '다하다[盡]'와 같은 의미로 풀이하였다. 왕수인(王守仁)의 경우, '격(格)을 '바르게 하다[正]'로 풀이하여 주자와 다른 견해를 제시하였다.

그렇기 때문에 양명학과 주자학의 변별점은 '격물'의 해석에 있다. 왕수인은 격을 '바르게 하다'는 의미로 이해하여 '마음의 바르지 못함을 바로잡는 것'으로 해석하였다. 이는 격물을 통한 경험적 지식 축적의 성격을 지니는 주자와는 다른 철학적 관점으로, 본래 타고난 양지(良知)를 강조하며 마음을 보존하는 심학(心學)적 특성으로 드러난다. 그리고 '물(物)은 사(事)와 같다'고 했다. 여기서 '이르다[至]'는 의미는 단순하게 어떤 지점에 미치거나 닿는다는 의미가 아니다. 그것은 '다하다[盡]'의 뉘앙스가 더욱 강하게 배어 있다. 또한 물(物)은 명사적 의미의 단순한 물건[things]을 포함하여 사(事; 일삼음)의 행위 차원까지 포괄하고 있다. 예를 들면, 부모를 섬길 때 마땅히 효도를 다하고, 형제간의 처신에서 마땅히 우애를 다하는 것과 같은 부류를 빠짐없이 아는 것, 이런 것이 바로 인간의 도리로서의 일[事]이다. 따라서 격물(格物)은 문자적으로 '사물(事物)에 이른다' 또는 '사물을 다한다'는 의미로 해석된다.

아울러 주자는 '치(致)'는 '미루어서 끝까지 간다[推極]'이고 '지(知)'는 '안다[識]'로 주석하였다. '치(致)'는 끝까지 파고 들거나 탐구하는 자세이고, '식(識)'은 일반적인 의미의 '마음으로 이해하는 지식' 정도로 인식할 수 있다. 그러므로 '치지(致知)'는 '지식을 끝까지 미루어서 나아간다'는 의미에 해당한다.

이런 훈고적 인식과 동시에 주자는 보다 심오한 경지의 해석을 부가한다. 특히 격(格)의 대상인 '물(物)'에 대한 인식에서 그 특징을 보인다. '물'은 문자만으로 보면 단순한 '사물'에 불과하다. 분명 '격물'에서 '물(物)'은 이 세계를 구성하고 있는 각 사물을 가리킨다. 그런데 유학자들이 말하는 '격물'의 물(物)을 설명할 때는 구체적인 사례들로 인간 사회의 직분을 설정하여 말하는 것이 더 적절하고 효율적이다. 그러기에 주자는 '물'을 그의 철학적 요구에 맞게, '사물의 이치[理; 인간 사회의 다양한 직분에 관한 이치]'를 중점적으로 이해하였다.

주자의 학문방법론은 얼핏 보기에 객관적인 과학적 논구와 같이 보인다. 그러나 심도 있게 살펴보면 주자의 학문은 도리(道理)의 구명과 실천이다. 즉 사물의 당연한 이치를 다루는 학문으로, 군신(君臣)간의 상하 관계를 기축으로 하여 전개된 모든 사회적·인간적 관계, 즉 직분 또는 분수[分]로서 도리에 관한 것이다. 그러므로 격물치지라는 학문 방법론은 과학적·논리적 탐구와는 달리 실천적 태도를 그 기저에 깔고 있다. 모든 사물, 인간 사회의 질서체계나 행위, 직분에는 이치가 있다. 격물은 바로 그런 이치를 파악하는 작업이다. 그리고 치지는 이런 사물의 이치를 파악하여 지식이 어느 지점에 도달하면 더욱 깊고 넓게 탐구하여 다른 지점에 도달하듯이, 지식을 궁극으로 밀고 나가 완벽하게 완성되도록 노력하는 일이다. 이미 획득한 지식을 토대로 점차 심도 있게 확대하는 끊임없는 연구 행위를 말한다.

그런 차원에서 주자는 『대학장구』 「전(傳)」 5장(「格物補傳)에서 134글자에 해당하는 '격물치지'의 내용은 다음과 같이 새롭게 썼다. "이른바 '앎을 지극하게 이룸이 사물의 이치에 이르는 데 있다'고 하는 것은 나의 앎을 지극하게 이루려고 한다면 사물에 나아가 그 이치를 끝까지 캐들어 가는 데 있다는 말이다. 대개 인간의 마음의 신령함은 모두 앎을 지니고 있고, 천하의 사물은 모두 이치가 있다. 하지만 오직 이치를 끝까지 다 캐들어 가지 못한 곳이 있기 때문에, 그 앎이 다하지 못함이 있는 것이다. 이 때문에 대학을 처음 가르칠 때에 반드시 배우는 이들에게 세상의 여러 가지 사물에 나아가 그가 이미 아는 이치를 따라서 끝까지 캐물어 들어가서 모두 이르도록 하는 것이다. 그와 같이 공부에 힘을 씀이 오래 되어서 하루아침에 훤하게 꿰뚫어 보게 되는 데까지 이르게 되면, 모든 물건의 겉과 속, 그리고 세밀한 곳과 거친 곳에 앎이 이르지 않는 곳이 없고, 내 마음의 전체와 큰 작용이 밝지 않은 곳이 없을 것이다. 이것을 일러 '사물이 이치에 이르렀다'고 하며, '앎이 지극해졌다'고 한다."

이러한 주자의 새로운 학설은, 격물치지로부터 평천하에 이르는 수양과 행위의 논리를 명실상부하게 그 첫머리에 놓여 있는 '격물치지'라는 것을 통해 바라보려는 의식이 바탕에 깔려 있다. 인식주관인 인간이 인식대상인 사물에 다가간다. 그것도 '모조리 다하다'[盡]라는 강조를 통해 사물의 이치를 끝까지 캐물어 모든 의문을 없애는 탐구의 극치를 보여준다. 이때의 격물은 부분적이고 작은 것, 즉 사물 하나하나의 구체적이고 자세한 이해이고, 치지는 전체를 모두 아는 것으로, 마음에서 포괄적으로 이해하는 문제이다. 다시 말하면, 격물은 하나의 사물에서 하나의 이치만을 궁구하는 것이고, 치지는 사물의 이치를 모두 궁구해서 얻은 뒤에 나의 지식을 온전히 하는 일이다. 그러므로 사물에 대해 부분적으로 대강이 아니라 전체를 모조리 알았을 때, 앎이 완성된다. 이와 같은 격물치지의 의미를 다음과 같이 요약·해석할 수 있다.

첫째, 사물에 이르는 공부는 일종의 마음의 공부이다. 그것은 이미 알고 있는 이치로부터 아직 알지 못하는 영역에로 지식을 점차 확대해 가는 작업이다.

둘째, 이미 알고 있는 이치—예컨대 부모자식 간의 사랑이나 도살장으로 끌려가는 소를 보고 불쌍히 여기는 마음과 같은 것—를 다른 영역으로 확장하면, 나라를 다스리는 도리에서 우주의 법칙이나 조화, 다양한 물리적 현상까지도 파악할 수 있다.

셋째, 이치는 사물 가운데 반드시 깃들어 있다. 그것은 모두 내 마음으로 밝힐 수 있고 알 수 있다.

넷째, 사람의 마음으로 저절로 알 수 있는 지식—예컨대, 부모와 자식 간의 사랑은 이치를 캐 물어 들어간 후의 앎이 아니다—은 격물치지의 지식으로 보기 어렵다. 반드시 이치를 캐물어 들어간 후의 지식이라야 비로소 속속들이 꿰뚫어 볼 수 있는 진정한 지식이 된다.

다섯째, 사물에 이르는 공부는 겉과 속, 세밀하고 거친 것을 포괄하고 구체적으로 진행되며 온전한 지식에 도달해야 한다.

요컨대, 격물치지는 '사물의 이치에 궁극까지 이르는 것,' 각각의 사물에 따라 그 각각의 사물의 이치[理]를 궁구하고, 그런 이치의 극치에 도달하는 연구행위이다. 그것은 지식 완성의 전제 조건이다.

2. 성의(誠意)·정심(正心)·수신(修身) – 진실한 뜻·바른 마음, 그리고 자기 성숙을 향한 열정

주자의 훈구학적 주석에 의지하여 '성의(誠意)'를 이해하면, '성(誠)'은 성실함[實]이고 '의(意)'는 마음이 펼쳐지는 것이다. 즉 성의는 마음이 펼쳐지는 것을 성실하게 하는 일이다. 그것은 다음과 같은 주석에서 보다 명확해진다. '성(誠)은 크게 '망령됨이 없다[無妄]'와 '속이지 않는다[無欺]' 라는 두 말로 대변되기도 하고, '텅빈 것[虛] 가운데 실제[實]를 구해 내는' 마음 전체를 드러내는 말이기도 하다. 이는 "진실되고 망령됨이 없다"라고 말로 대표된다. 즉 "그 뜻을 성실하게 함은 스스로를 속이지 않음이니, 나쁜 냄새를 미워하는 것같이 하며, 좋은 색을 좋아하는 것같이 하는 것, 이것을 스스로 유쾌하고 만족함이라고 한다. 그러므로 군자는 반드시 그 혼자인 데를 삼간다."

주자는 '뜻을 성실히 함'을 자기수양의 최고 가치로 여겼다. 그리고 두 개의 '스스로[自]'—'스스로를 속이지 않음'과 '스스로 유쾌하고 만족함'—를 중심으로 공부해야 한다고 강조하였다. 이는 자기공부, 자기교육의 중요성을 암시한다. 요컨대, '성의'의 최고 요건은 '스스로를 속이지 않는 일'로, 자기충실과 정성으로 충만한 진실의 세계와 맞닿는다.

'스스로를 속이지 않음'을 위한 주자의 경고는 다양하다. 90%의 올바른 뜻과 행동을 했다고 하더라도 10%의 개인적인 욕심이나 이익 추구가 섞였다면 이는 스스로를 속이는 일이다. 왜냐하면 아무리 선한 일을 행하더라도 10%의 나쁜 생각이 그 사이에 잠재되어 있다면 나중에 사악함으로 펼쳐질 우려가 있기 때문이다. 이런 차원에서 '성의' 공부는 모든 개별 행위의 최초 의식 상태인 의념(疑念)에 사사로운 욕심이 끼어들지 못하게 하는 수양공부이다.

'스스로를 속이지 않음'으로 '스스로 유쾌하고 만족함'에 대한 주자의 해석도 의미심장하다. '스스로 유쾌하고 만족함'은 어떤 사물에 대해 좋아하고 미워할 때 저절로 유쾌하고 만족한다. 착한 일을 하고 나서 자기만족을 느끼거나 유쾌해하는 차원이 아니다. 이는 사물에 대한 인간의 자기충실이지 남에게 보이기 위한 가식이 아니다. 그것은 타인을 위해서가 아니라 자신만이 느낄 수 있는 뿌듯한 마음이다. 스스로에게 부끄러움이 없는 마음으로, '자기를 위한 공부[爲己之學]'의 핵심이 된다.

다음으로 정심(正心)과 수신(修身)의 문제다. 이는 "수신재정기심(修身在正其心)"을 언급하는 부분에서 확인된다. "몸을 닦는 일이 그 마음을 바르게 하는 데 있다는 것은, 마음에 분하고 성내는 바를 두면 그 바름을 얻지 못하고, 두려워하고 무서워하는 바를 두면 그 바름을 얻지 못하며, 좋아하고 즐겨하는 바를 두면 그 바름을 얻지 못하고, 근심하고 걱정하는 바를 두면 그 바름을 얻지 못한다."

『대학』「경(經)」 1장의 주석에 따르면 "마음은 몸의 주인이다." 때문에 몸을 닦는다는 말은 마음을 닦는다는 말에 포괄된다. 엄밀히 말하면, 마음의 본체는 바르지 않음이 없다. 마음을 바르게 한다는 말은 그 마음의 '작용'을 바르게 한다는 의미다. 그것의 기본 조건이 '분함과 성냄, 두려워함과 무서워함, 좋아함과 즐거워함, 근심과 걱정'이라는 네 가지 마음의 작용을 털어버리는 일이다. 이는 인간의 욕심과 연관된다.

인간의 욕심은 마음이 사물에 매이는 것과 직결된다. 마음이 사물에 매이게 되면 그것은 사물에 의해 움직인다. 마음이 사물에 매이는 경우는 크게 세 가지로 나누어 볼 수 있다. 첫째, 아직 일이 닥치지도 않았는데, 미리 기대하는 마음을 두는 경우, 마음은 움직인다. 둘째, 이미 일이 지나갔는데도 아직 잊지 못하여 마음에 두는 경우, 마음이 혼란스럽다. 셋째, 일을 하고 있으면서 그 일을 지나치게 소중히 여기면, 마음이 얽매인다. 이런 상황은 모두 사물이 마음에 들어 앉아 있는 형국이다. 마음이 혼란하거나 요동치는 경우 평정심(平靜心)을 잃은 상황이다. 그러므로 배우는 사람은 마음의 평정을 유지하고, 올바른 뜻을 굳게 잡고 붙잡아야 한다.

앞에서 언급한 것처럼, 마음의 본체는 늘 바르다. 사물을 담지 않았을 때는 맑고 깨끗하게 비어 있다. 정심(正心)은, 이런 마음이 사물과 마주치더라도 흔들리거나 더럽혀지지 않고 바르게 해나가는 공부를 말한다. 이것이 수신(修身)의 기초다. 굳이 몸과 마음을 구분해서 말한다면, 정심(正心; 마음을 바르게 함)은 '안'을 이와 같이 할 수 있다는 것이고, 수신(修身; 몸을 닦음)은 '바깥'을 이와 같이 하는 일이다. 즉 내면의 올바름과 외면의 정돈이 통일되는 경지다.

3. 제가(齊家)·치국(治國)·평천하(平天下)- 공동체와 온 세상의 화합과 평화

'격물-치지-성의-정심'이라는 수신(修身)의 과정을 거쳐, '제가-치국-평천하'라는 치인(治人)의 실천과 응용으로 넘어간다. 이를 간략히 줄여 '수제치평(修齊治平)'이라고 한다. 수제치평은 수신이라는 인격 수양철학인 동시에 사회·정치철학의 근간이다. 때문에 유교는 수기치인(修己治人), 내성외왕(內聖外王)을 아우르는 실천철학의 성격을 띤다.

제가(齊家)의 기본 내용은 "재기가재수기신(齊其家在修其身)" 부분에 잘 드러나 있다. 이른바, "집안을 가지런히 하는 일은 몸을 닦는 데 있다"라는 수신과 제가의 관계 문제다. "'그 집안을 바로잡는 일이 몸을 닦음에 있다'는 것은 사람들이 친애하는 바에 치우치고, 천하게 여기고 미워하는 바에 치우치며, 두려워하고 존경하는 바에 치우치고, 가엽게 여기고 불쌍히 여기는 바에 치우치며, 거만하고 태만히 여기는 바에 치우친다. 그러므로 좋아하면서도 그 나쁨을 알고, 미워하면서도 그 아름다움을 아는 자가 천하에 드물다."

수신과 동시에 제가가 이루어질 수 있는 기본 요건은 다섯 가지로 제시된다. '친애함, 천하게 여기고 미워함, 두려워하고 존경함, 가엽고 불쌍히 여김, 거만하고 태만히 여김 등'을 경계하고 치우지지 않는 것이다. 이 다섯 가지는 사람이라면 선천적으로 지니고 있는 당연한 법칙이다. 그러나 올바르게 행동하지 않으면 반드시 한 쪽으로 치우치기 쉽다. 예컨대 사람이 배가 고파서 밥을 먹을 경우, 밥을 먹는 것 자체는 마땅한 일이다. 그런데 먹는 것이 조금이라도 지나치면 이것이 바로 치우침이다. 또한 어떤 사람의 착한 부분을 사랑하는데 그 사랑이 지나치면 그의 악한 점을 간과하기 쉽다. 이는 소중히 여기는 것 때문에 치우치게 되는 경우다.

이런 치우침에 대한 경계가 제가(齊家)의 상황에서 왜 필요한가? 인간은 다른 사람과 마주치게 되면, 감정이 발동하게 된다. 마음이 흔들리지 않는 성인군자라면 관계없지만, 보통 사람들은 개인적 인정(人情)에 치우치게 마련이다. 따라서 친족 사이에 친애하는 일이 의리로 제어되지 않는 경우, 치우치게 된다. 때문에 인간은 치우침이 없이 합리적인 판단을 해야 한다. 그래야만이 공동체의 기본 양식인 집안을 가지런히 할 수 있다. 달리 말하면, 몸이 닦여져야 집안을 가르칠 수 있다. 그것의 핵심은 효도[孝]와 공손[弟]과 사랑[慈]이다. "'나라를 다스리는 것이 반드시 먼저 그 집안을 가지런히 하는 데 있다'는 말은 그 집안을 가르치지 못하면서 남을 가르칠 수 있는 사람은 없다는 의미이다. 그러므로 훌륭한 지도자[군자]는 집안을 다스리는 방법을 벗어나지 않고도 나라에 가르침을 이루는 것이다. 효도는 임금을 섬기는 길이요, 공손은 어른을 받드는 길이요, 사랑은 여러 백성을 부리는 길이다."

효도는 임금을 섬기는 방법이고, 공손은 어른을 섬기는 방법이며, 사랑은 무리를 섬기는 방법이다. 이 도리는 모두 나의 집안에서 이루어지는 일이지만, 세상 사람들이 보고 배워서 스스로 이와 같이 실행할 수 있는 것이다.

'제가(齊家)'에서 말하는 '가(家; 집안)'는 현대적 의미의 가정과는 상당히 다르다. 그것은 형제자매, 자식, 생질, 숙부모, 일꾼 등을 포함한 대가족, 혹은 여러 분가(分家)를 포함한 대친족(大親族)을 가리킨다. 현대의 가정과는 비교가 되지 않을 정도로 일이 많고 복잡하다. 그러므로 한 집안의 다스림은 보다 큰 규모의 국가를 다스릴 수 있는 바탕이 될 수 있었다. 가장에게는 다양한 식구들의 관계를 조절하고 재산 관리나 다른 집안과의 관계 등 여러 종류의 업무가 상존했다. 이러한 제가(齊家)는 상당히 어려운 과제였음이 분명하다. 그러므로 집안을 잘 다스린다는 의미는 한 나라의 지도자로서 나라를 잘 다스릴 수 있는 자격을 갖추었다는 의미나 다름없다.

예를 들면, 집안에는 부모가 있는데 집안에서 부모를 섬기는 효도는 나라에서 임금을 섬기는 도리와 같고, 형을 섬기는 도리는 관직이 높은 이를 섬기는 이치와 같으며, 집안에서 어린이를 위로하고 어루만지는 사랑은 나라에서 여러 백성을 돌보는 이치와 마찬가지다. 이 지점에서 제가(齊家)와 치국(治國)의 논리는 통일된다. 나아가 평천하(平天下)로 확장된다. "'온 세상을 화평하게 하는 것이 그 나라를 다스리는 데 있다'는 말은 윗사람이 늙은이를 늙은이로 대우함에 백성이 효도를 일으키고, 윗사람이 어른을 어른으로 대우함에 윗사람이 공경을 일으키며, 윗사람이 고아를 구휼함에 백성이 저버리지 않는다는 의미이다. 그러므로 훌륭한 지도자[군자]는 '자나 컴퍼스로 재는 듯한 도'[絜矩之道]가 있다."

세상을 고르게 만드는 기본은 정치지도자의 지도력에 달려 있다. 그 핵심은 늙은이를 공경하고 어른을 대우하며 불쌍한 사람들을 구휼함에 있다. 즉 여러 사람의 마음을 내 마음에 미루어 보아 헤아려 보는 혈구(絜矩)의 방식이다. 이는 상대와 나 사이에 제각기 자신의 분수와 소원을 얻게 하는 일과 같다. 나를 중심으로 위아래, 전후좌우가 모두 고르고 가지런하며 방정해져서 세상이 화평하게 된다는 논리다. 현대적 의미에서, 그것은 타인에 대한 관심과 이해, 배려의 마음이다. 훌륭하게 닦인 나의 마음을 기본으로 전개되는 타자 사랑이다.

V. 8조목의 실천양식과 유기체적 특성

1. 인격화 실천양식; 격물에서 수신까지

앞에서 '격물치지'를 "사물의 이치에 궁극까지 이르는 것, 각각의 사물에 따라 그 각각의 사물의 이치[理]를 궁구하고, 그런 이치의 극치에 도달하는 연구행위"라고 밝혔다. '사물의 이치를 캐물어 들어감'이나 '이치에 도달하는 탐구'에서, 캐물어 들어가는 대상이나 이치 탐구의 문제가 단순히 객관적·사실적 지식의 습득만은 아니다. 이때 사물에 관한 이치나 지식은, 자연법칙은 물론 사회법칙과 인간 삶의 윤리적 질서체계를 담고 있다. 특히 경험적·사실적 지식보다 인간의 도덕·윤리적 지식을 중시한다. 이런 점에서 『대학』은 하나의 삶의 철학이자 윤리학이고, 교육학이자 정치학이다. 넓은 의미에서는 우주와 자연, 인간과 사회의 전 영역이 탐구의 대상으로 설정되므로, 격물에서 '물(物)'은 온 세계에 해당한다.

그렇다면 격물치지를 위한 실천방법과 양식은 어떠한가? 지식을 획득하는 주자의 설명은 다음과 같다. "어떠한 일을 하다가 어긋났다. 어긋난 사실을 조금이라도 알았다면 바른 길로 향하고 있다는 증거이다. 그렇다고 그것이 바로 이치를 궁구하고 지식을 획득해 나가기 시작하는 것은 아니다. 지금 어떤 지식이 나타났다면, 그 실마리를 따라 유추하여 지식을 획득해 나가야 한다. 그래서 이 세상의 천만 가지 사물에 대해 조그마한 것이라도 모두 알아서, 터럭 끝만큼도 막힘이 없게 해야 한다. 사물을 낱낱이 캐물어 들어갈 때는 자그마한 부분들을 이해하는 것에서 시작해야 한다. 앎이 지극함에 이르면 스스로 주관이 생겨서 사물을 분별하고 취하고 버릴 줄을 알게 된다. 처음에는 겉만 보고 속은 보지 못하며 대강만 알고 정밀한 것은 알지 못한다. 그러나 앎이 지극해진 때에 이르면 실행할 줄 알게 된다."

격물치지의 방식에 대해, 주자는 사물과 사물을 대하는 인간의 자세에 1차적인 관심을 둔다. 먼저 사물에 다가가서 올바르게 파악하고 있는가? 다시 말하면 올바로 접근하고 실천하고 있는지 자기반성을 촉구한다. '조금이라도 어긋난 사실'에 대한 인식은 지식 획득의 단초다. 그리고 자그마한 사물들에 대한 이해에서 앎[지식; 인식]의 문제를 풀어가야 한다고 강조한다. 그것은 사물, 즉 인간의 도덕 윤리에 대한 관심이다. 이후의 과정은 유추와 분별, 취사선택의 끊임없는 과정을 통해 모든 지식을 장악하는 수준으로 나아간다. 즉 관심의 표명에서 그것을 바탕으로 더욱 더 연구의 과정과 탐구 활동의 영역을 넓혀가는 모습이다. 인간의 윤리 도덕적 질서를 중핵으로 세상의 모든 사물 이치에 대해 인간의 자기 노력을 통해 삶을 넓혀 가는 일이다.

주자의 설명에서 중요한 사실은 지식의 습득과 확장에 그치지 않는다는 점이다. 그것은 지식의 종류와 실제를 구체적으로 지시한다. 즉 내면과 외면의 실제를 제대로 인식하여 일치시켜나가는 작업이다. 요컨대, 지식의 인식과 획득, 체득과 실천의 통일성과 유기체적 특성을 드러낸다. "'겉[외면]'이라는 것은 어떤 사물에 대해 함께 볼 경우 일반적으로 알 수 있는 것이고, '속[내면]'은 나 혼자만 아는 것이다. 외면만을 공부하고 내면의 이치는 전혀 아는 것이 없으며, 내면만을 향해 공부를 많이 해서 실제 사물은 전혀 알지 못한다면, 이는 곧 이상하고 허황된 것만을 이야기하는 병으로, 모두 한쪽으로 치우친 것이다. 만약 사물의 이치가 다

캐물어져서 앎이 지극해지면, 외면과 내면, 세밀한 곳과 거친 곳을 다 알게 될 것이다."

격물치지의 과정에서 외면과 내면은 구분하여 논의하기 어렵다. 모두 사물, 인간의 도리를 중심에 두고, 인간 자신의 지식습득과 확장을 꾀할 뿐이다. 한 푼의 이치를 캐물어 얻으면 나의 지식이 한 푼의 사물의 이치를 알게 된다. 궁구함이 많아지면 나의 지식도 그에 따라 넓어질 것이다. 이는 유기체로 통일된, 온전한 지식체득의 과정일 뿐이다. 그것은 지식을 대하는 인간의 습관화와 연관된다. 인간은 『논어』의 언급처럼, 배우고 늘 익히는, '학이시습(學而時習)'의 과정을 통해 학습한다. 이때 배움은 격물이고 익힘은 치지다. 즉 격물치지는 바로 학습(學習)의 '일상화', '습관화'를 통해, 사물의 이치를 구명하고 확장하는 교육의 기본과정이다.

이러한 격물치지의 양식을 주자는 다음과 같이 제시한다. 첫째, 독서를 통하여 도리와 의리를 밝힐 수 있고, 둘째, 역사상의 인물과 사건을 논의하여 그 옳고 그름의 이치를 판단할 수 있으며, 셋째, 사람 관계와 일상 행위에서 마땅함과 그릇됨을 분변할 수 있고, 넷째, 하늘은 높고 땅이 낮은 이유를 비롯한 자연계의 이치를 탐구할 수 있으며, 다섯째, 사물의 존재 방식에 대한 원인을 규명하는 작업이 있다. 이중에서 가장 좋은 수단은 독서, 즉 유학의 경전을 읽고 연구하는 작업이다. 왜냐하면 유학에서는 사물의 이치가 성인에 의해 어김없이 파악되어 경전에 기록되어 있다고 보기 때문이다. 그렇다고 경전 연구에만 치우치는 것이 아니다. 반드시 그것을 기초로 사회적 실천을 염원한다.

경전(經傳) 독서를 강조하는 차원에서 주자학(朱子學)을 양명학(陽明學)과 대비할 때, 주자학에 대해 지식을 강조하거나 이치를 따지는 이론으로 흘렀다고 보고 실천성에 소홀한 학문으로 비판하는 경우가 있다. 이는 조선 후기 유교의 경향을 이른바 '실학(實學)'으로 명명하고 '실용성'과 '실천성'을 강조하면서, 조선 전·중기 유교가 이론에 치우쳐 공리공담을 일삼았다는 데 대한 비판과도 유사하다. 그러나 나는 이와 다르게 판단한다. 경전 독서를 통한 주자의 지식 습득과 공부방법이 실제 생활과 무관하다거나 실천성을 담보하지 못한다는 데 동의하지 않는다. 주자는 어떤 유학자보다도 지적이고 도덕적이며, 일상을 고민하는 실천의 바탕을 이론적으로 제공했다. 주자학은 공부의 양식으로서 다른 유학 이론에 비해 훨씬 풍부한 실천성을 담보하고 있다. 실천의 문제는 실천 주체인 인간 각자의 실질적인 실천이 관건이지, 이론 자체의 내부 논리 문제로 귀결해서는 곤란하다. 이런 양식이 구체적으로 표출된 사례가, 유학의 경전 공부를 통해 과거를 치르고, 관료로 진출하여 세상을 다스리는 일이었다. 그것은 이론적 공부 이후에 반드시 실천해야 한다는 당위를 확인시켰고, 교육[경전 공부]과 정치[사회적 실천]를 통일하는 계기가 된다. 우리의 조선시대는 이러한 유학이 최고조에 달한 왕조였고, 그 구현자가 바로 '신하'로 대변되는 학자 관료였다.

격물치지(格物致知)가 학습을 통한 지식의 획득과 확장이라면, 성의정심(誠意正心)은 자기조절과 성찰, 함양을 통한 인격의 확립과 체득의 양식이다. 그 핵심적 실천의 방식이 바로 '신독(愼獨)'이다. 신독(愼獨)은 '혼자인 데를 삼가다'는 의미다. 이는 앞에서 언급한 '스스로 속임[自欺]'과 '스스로 유쾌하고 만족함[自謙]'과 직결되는 실천 양식이다. 왜냐하면 이 두 가지는 모두 자기 마음, 내면의 일로 다른 사람은 알 수가 없고 자기만이 홀로 아는 일이기 때문이다.

신독(愼獨)에서 '독(獨)'은 '스스로[自]'를 의미하는 동시에 '뜻[意]'을 포함하고 있다. 또한 '삼가다[謹]', '살피다[審]'의 뜻도 있다. 그러므로 신독은 자기의 의지, 내면의 은미한 곳을 삼가거나 살피다'는 말이다. 그것은 다른 사람에게 드러나 있는 곳이건 혼자 거처하는 곳이건, 보이는 곳이건 보이지 않는 곳이건, 크게 구애받지 않는다. 중요한 문제는 뜻이 과연 진실한 마음에서 나왔는가, 남들이 듣지도 보지도 못하는 곳에서 진실한 마음을 보존하는가에 대한 자기공부다. 때문에 신독은 예로부터 미덕의 극치로 여겨져 왔고, 성의(誠意)의 실천양식을 표현하는 핵심용어가 되었으며, 말과 행위가 부합되는 자각적·도덕적 수양의 방식으로 대표된다. 그것은 자기 공부의 근저로 자기를 조절하고 스스로 주도하는 진지한 학습의 자세다.

이러한 신독은 이른바 '교육받은 인간(educated man)'과 그렇지 못한 인간으로 대별할 수 있는 군자(君子)와 소인(小人)의 일상 행위를 통해 구체적으로 확인할 수 있다. "소인이 한가히 혼자 거처할 때에는 착하지 않은 짓을 마구 저지르다가, 군자를 본 뒤에는 언제 그랬냐는 듯이 착하지 않은 짓을 감추고, 착한 일만을 드러낸다. 사람들이 그 소인배 보기를 속[폐와 간]을 훤하게 들여다보는 듯이 하니, 그렇게 속이는 것이 무슨 이득이 있겠는가? 마음이 성실하면 바깥에 나타난다. 그러므로 군자는 반드시 그 혼자인 데를 삼간다."

이에 대한 주자의 해석은 교육받지 못한 전형으로서 소인배들의 특징을 이해하는 데 도움을 준다. "소인은 속으로는 착하지 않은 짓을 하다가 겉으로는 가리고자 한다. 이는 착한 일을 마땅히 해야 하고 악한 짓을 마땅히 버려야 함을 모르는 것은 아니다. 단지 그 힘을 다 쓰지 못해서 이 지경에 이름을 말한다. 그러나 그 악한 짓을 가리려고 해도 가릴 수 없고 거짓으로 착한 일을 하려 해도 마침내 속일 수 없으니, 무슨 이득이 있겠는가?"

때문에 교육받은 인간으로서 군자는 소인배들의 행동을 심각하게 경계하고, 자기를 조절하는 데 신중해야 한다. 신독의 자각성을 지니고 성실하게 선을 행해야 한다. 그리하여 마음이 넓어지고 몸이 편안해지는 경지에 도달할 수 있는 것이다.

신독을 통해 마음에 부끄러움이 없으면, 넓고 크며 너그럽고 평온해져 몸이 항상 여유 있고 태평해진다. 덕이 몸을 윤택하게 함이 그러한 것과 같다. 착함이 마음에 가득 차면 바깥에 나타나게 마련이다. 마음이 바르지 않은데 어떻게 넓을 수 있으며, 몸이 닦여지지 않았는데 어떻게 피어나고 태평해질 수 있겠는가? 마음이 넓고 몸이 피어나며 태평한 상황은 마음이 바르고 몸이 닦여진 증거이다. 그것은 단지 그 뜻을 성실히 하는 작업에서만 가능하다. 이러한 성의의 실천양식을 지닌 인간은 교육받은 사람으로서 최고의 경지에 도달할 수 있다. 내면과 외면, 마음과 몸, 말과 행위의 일치를 통해 일상에서 선(善)을 실천한다.

신독을 통해 자기 확립 공부가 진척되면 될수록 인간의 마음은 바르게 정돈된다. 그리고 연속적으로 자연스럽게 정심(正心)으로 이행된다. 그래도 주자는 재차 강조한다. '마음을 점검하라!' "마음이 있지 않으면 보아도 보이지 않고 들어도 들리지 않으며 먹어도 그 맛을 모른다." 주자는 마음의 보존을 위한 최고의 실천양식으로 경(敬)을 제시한다. 경(敬)은 항상 이 마음을 그곳에 있게 하는 수양의 원칙이다. 그것은 마음을 바르게 하는 실천양식의 핵심이다. 그리하여 다시 몸을 닦는 기초이자 바탕이 된다.

2. 사회화 실천양식; 제가에서 평천하까지

격물치지(格物致知)에서 성의정심(誠意正心)에 이르는 수신(修身)의 과정은 개인의 인격 확립을 위한 교육과정이자 실천양식이다. 특히, 『대학』에서 그것은 필연적으로 '제가치국평천하(齊家治國平天下)'의 치인(治人)을 불러일으킨다. 수신을 바탕으로 그것을 응용하는 실천행위가 치인이기 때문이다. 수기치인은 개인교육을 통한 사회적·공동체적 정치 이상의 실현이기도 하다. 주자의 언급처럼, 수신(修身) 이후에는 사물을 응접하고 사람을 대접하는 인간관계의 차원이다. 이는 마음을 중심으로 논의하던 수신까지의 과정과는 다르다. 이제 나 자신만의 개인 문제가 아니라, 나 이외의 사물과의 관계 문제가 등장한다. 사물에 대한 관심과 배려, 이해를 통해 공동체의 건전한 실현을 고민하게 만든다.

앞에서 제가(齊家)로부터 시작되는 공동체 배려의 내용을 효(孝)·제(弟)·자(慈)로 언급하였다. 제가에서 평천하에 이르기까지, 공동체의 지속과 사회화의 관건은 지도자의 자질과 백성의 반응이다. 『대학장구』의 선언적 권고는 그것을 잘 말해 준다. "한 집안이 어질면 한 나라가 어짊에 흥기하고, 한 집안이 겸손하고 사양하면 한 나라가 겸손하고 사양함에 흥기한다. 한 사람이 탐욕하고 거스르면 한 나라가 어지러움을 일으키게 된다. 그 기틀이 이와 같으니, '한 마디 말이 일을 그르치게 하며, 한 사람이 나라를 안정시킨다'고 한다."

집안[家]과 나라[國]는 공동체를 운용하는 원리에서는 동일한 논리가 적용된다. 이는 조직의 특성상 미루어 짐작할 수 있다. 지도자가 위에서 선을 통하여 교육하고 감화시키면 아래에서는 이에 호응하여 지극히 빠르게 감응한다. 그러기 위해 집안과 국가를 다스리는 지도자는 자기가 착함이 있은 뒤에 남에게 착함을 요구할 수 있고, 자기가 악함이 없은 뒤에 남에게 악함이 있음을 비난할 수 있다. 이런 상황은 지도자의 말 한 마디, 행동거지 하나에 공동체의 운명이 달렸다고 해도 과언이 아님을 보여준다. 그런 전례가 요순(堯舜)의 인정(仁政)과 걸주(桀紂)의 폭정(暴政)으로 예시된다.

제가와 치국을 담보로 『대학』에서 구현하려는 최대의 이상사회는 '평천하(平天下)'다. 평천하를 실현하는 원리는 앞에서도 언급했듯이 혈구(絜矩)의 도이다. "윗사람에게 싫었던 것으로 아랫사람을 부리지 말고, 아랫사람에게 싫었던 것으로 윗사람을 섬기지 말며, 앞사람에게 싫었던 것으로 뒷사람에게 먼저 하지 말고, 뒷사람에게 싫었던 것으로 앞사람을 따르지 말며, 오른쪽 사람에게 싫었던 것으로 왼쪽 사람을 사귀지 말고, 왼쪽 사람에게 싫었던 것으로 오른쪽 사람을 사귀지 말아야 한다. 이것을 '혈구(絜矩)'의 도라고 한다."

혈구의 도는 자기를 중심으로 상하전후좌우에 대해 길고 짧고 넓고 좁고 크고 작고 할 것 없이 하나같이 방정하게 하는 작업이다. 이런 마음의 헤아림을 통해 상하사방이 고르고 가지런하며 방정해져서 남거나 부족한 곳이 없게 만드는 실천양식이다.

이런 혈구의 도 가운데 큰 것은 재물을 어떻게 쓰느냐의 문제다. 왜냐하면, 지도자는 덕이 있게 마련인데, 덕이 있으면 사람이 있게 되고 사람이 있으면 땅이 있게 되며 땅이 있으면 재물이 있게 되고 재물이 있으면 쓰임이 있게 되기 때문이다. 이는 고대 국가에서 나라를 성립시키는 기본적인 과정을 일러준다. 그것이 바로 덕의 획득은 이미 말한 격물치지와 성의정심, 수신을 통하여 이루어진다. 혈구의 근본은 덕의 삼감, 그 조절 과정에 있다. 그것이 헤아림이다. 덕이 있게 되면 세상 사람들의 마음에 감동을 주어 사람들이 모이게 되고, 사람이 모이면 덕 있는 임금의 땅은 사람이 모인만큼 넓어진다. 그리고 땅이 있으면 땅을 맡겨서 공물을 받게 될 것이니 그것이 바로 재물이 된다. 그 재물은 이제 나라를 운용하는 경비의 원천이 되어, '쓰임'이 있게 되는 것이다. 때문에 혈구의 실천양식에서 "덕은 근본이고 재물은 끝이다." 이때 재물은 세상을 화평하게 하는 주요한 관건이 된다.

"재물이 모이면 백성이 흩어지고 재물이 흩어지면 백성이 모인다." 근본인 덕을 소홀히 하고 재물을 모으기에 집착한다면 재물은 저절로 모이게 마련이다. 즉 지도자가 백성을 헤아리는 혈구의 도를 실행하지 못하고 백성의 재물을 취함에 절제하지 못할 경우, 재물은 모인다. 반대로 지도자가 혈구의 도를 실천하여 백성에게서 취함을 절제한다면 백성이 모인다. 아울러 재물을 생산해내는 방식도 평천하를 위해 대단히 중요하다. "재물을 생산하는 데 큰 방도가 있다. 생산하는 사람이 많고 먹는 사람이 적으며, 생산하는 사람은 빨리하고 쓰는 사람은 천천히 하면 재물은 항상 풍족할 것이다."

이런 실천의 양식은 현대 경제학에서 생산과 소비, 노동, 수요와 공급 등 다양한 부분의 법칙을 요약한 것처럼 느껴진다. 말인 즉 상식이다. 나라에 노는 사람이 없으면 일하는 사람이 많게 되고, 회사원이나 공직자가 자리만을 꿰차고 앉아 있는 사람이 없으면 소비만 하는 사람이 적게 되며, 생산할 시기를 빼앗지 않으면 생산이 많아질 것이고, 수입을 헤아려 지출한다면 쓰임새가 느려질 것은 분명하다. 이러한 공동체의 유지와 지속, 공동체 구성원에 대한 관심과 이해, 배려는 유학의 최고 덕목인 인의(仁義)로 선(善)을 일으킬 때, 가장 적절하다. 그래야만이 혈구(絜矩)의 도리를 최고조로 발휘할 수 있다.

3. 8조목의 유기체적 특성

『대학』의 팔조목인 '격물-치지-성의-정심-수신-제가-치국-평천하'는 교육과정인 동시에 실천양식이다. 그것은 한 단계씩 각 단계를 거쳐 점진적으로 진행되는 과정처럼 보인다. 물론 단계에 따라 진행된다. 그러나 계단을 뛰어오르듯이 각 계단마다 상이한 차원이 있는 것과는 다르다. 각 단계와 과정 사이에는 유기적 연관을 지니고 있으며, 팔조목 전체가 하나의 유기체로 살아 있다. 그것은 『대학』「경」 1장에서 확인할 수 있다.

"옛날에 밝은 덕을 세상에 밝히려는 사람은, 먼저 그 나라를 다스리고, 그 나라를 다스리려는 사람은 먼저 그 집안을 가지런히 하며, 그 집안을 가지런히 하려는 사람은 먼저 그 몸을 닦고, 그 몸을 닦으려는 사람은 먼저 그 마음을 바르게 하고, 그 마음을 바르게 하려는 사람은 먼저 그 뜻을 성실하게 하고, 그 뜻을 성실히 하려는 사람은 먼저 그 앎을 지극하게 이루니, 앎을 지극하게 이룸은 사물의 이치를 궁구함에 있다.

사물의 이치가 궁구된 뒤에 앎이 지극해지고, 앎이 지극해진 뒤에 뜻이 성실해지며, 뜻이 성실해진 뒤에 마음이 바르게 되고, 마음이 바르게 된 뒤에 몸이 닦여지고, 몸이 닦여진 뒤에 집안이 가지런해지고, 집안이 가지런해진 뒤에 나라가 다스려지며, 나라가 다스려진 뒤에 온 세상이 화평해진다."

8조목은 주자의 지적처럼, 공부의 절차이다. 그런데 위의 인용구를 유심히 들여다보면, 전 세계를 대상으로 하는 정치[평천하], 국가 사회의 정치[치국], 집안의 운용[제가], 개인의 수양 공부[수신]가 하나의 정합체로 연결되어 있다. 즉 공동체[집안-국가-세계]가 하나의 영역으로 설정되고 개인[나의 수양]이 또 하나의 영역으로 설정되어 두 영역이 하나의 정합체로 연결되고 있는 것이다. 요컨대, 개인과 공동체의 유기적 통일, 개인의 수양 덕목과 절차, 공동체의 수양 덕목과 절차 사이에도 유기체적 통일성을 견지하고 있다.

인용구를 다시 자세히 보자. 앞 단락은 '치지재격물(致知在格物)'을 제외하고는 '하려는[欲]'과 '먼저[先]'라는 말로 연결되어 있다. 그것은 '이와 같이 하려면' 반드시 '먼저' 이와 같이 하라는 표현으로, 공부의 절차상 분명한 선후를 규명한 것이다. 그러나 '격물'과 '치지' 사이에는 '있다[在]'라는 표현을 써서 선후를 설정하지는 않았다. 뒤 단락의 경우, '뒤에[而后]'라는 표현을 써서 유기적으로 미루어 나가는 교육과정과 실천 양식이다. 다시 말하면, 앞 단락은 팔조목의 순서를 역으로 거슬러 올라가는 공부이고, 뒤 단락은 순서에 따라 미루어 나가는 공부이다. 전자는 무엇을 먼저 해야 하는지에 대한 지침이라면, 후자는 공부의 진행에 따른 효과를 드러낸 것이다.

그렇다고 격물에서 평천하의 이르는 과정이 완벽하고도 절대적으로 정해진 순서나 단계를 의미하는 것은 아니다. 그것은 공부하는 법의 앞뒤를 대략적으로 나누어 사람들이 알 수 있도록 지침을 제시한 것이다. 조목마다 한 조목의 공부를 끝까지 깨끗이 다하여 남김이 없게 한 다음에 그 다음 공부를 하라는 것은 아니다. 그럴 경우, 언제 공부를 다 할 수 있겠는가? 이것이 주자의 인식이다.

중요하게 성찰할 부분은 팔조목에는 절차상 통과해야 할 관문들이 있고, 지식의 시작과 끝, 실천의 시작과 끝, 유추와 응용, 개인적 실행과 공동체의 실행, 지식에서 실행에 이르는 문제, 유추하여 실행에 이르는 문제 등 다양한 유기적 맥락이 작용하고 있다는 점이다. 다음의 설명은 그것을 일목요연하게 보여준다. "사물의 이치를 궁구하는 격물은 지식의 시작이고 앎을 지극하게 이루는 치지는 지식의 완성을 의미한다. 뜻을 성실히 하는 성의는 실행의 시작이고 마음을 바르게 하는 정심, 그리고 수신은 실행의 완성이다. 집안을 가지런히 하는 제가는 유추해서 실행하는 시작이고, 나라를 다스리는 치국, 세상을 화평하게 하는 평천하는 유추해서 실행하는 끝이다. 뜻을 성실히 하고 마음을 바르게 하고, 몸을 닦는 일은 개인에게서의 실행함이고, 집을 가지런히 하고 나라를 다스리고, 천하를 화평하게 함은 나라와 천하에서의 실행함이다. 알고 실행함은 유추하여 실행함의 근본이고 유추하여 실행함은 알고 실행함의 효험이다."

이런 이해는 지식의 습득과 확장, 실천의 양식, 유추를 통해 응용하는 방식을 유기적으로 보여준다. 지식의 문제는 격물·치지를 통해 진행되고, 실행은 성의·정심·수신에서 이루어진다. 그리고 응용은 제가·치국·평천하에서 달성된다. 주자의 해설을 살펴보면, 팔조목의 유기체적 성격을 보다 명확하게 드러난다. "'사물의 이치가 궁구되어 앎이 지극해지는 일[物格知至]'이 한 단락의 일이고, '뜻이 성실해지고 마음이 바르게 되며 몸이 닦여지는 일[意誠心正身修]'이 한 단락의 일이며, '집안이 가지런해지고 나라가 다스려지며 온 세상이 화평해지는 일[家齊國治天下平]'이 한 단락의 일이다. 그러므로 '앎이 지극하게 이름[致知]'으로부터 '뜻을 성실하게 함[誠意]'이 교차하는 점이 또 하나의 지나가는 길을 막고 있는 관문이고, '몸을 닦음[修身]'으로부터 '집안을 가지런히 함[齊家]'이 교차하는 점이 또한 지나가는 길을 막고 있는 하나의 관문이다."

주자의 설명은 8조목을 세 가지 범주로 분류하고 있다. 그러나 그것은 교차 지점에서 하나의 관문을 형성하며, 교육받은 인간이 되기 위한 기본 교육과정이자 실천양식으로서 필연적 관건을 형성한다. 인간의 도리를 주축으로 하는 앎의 영역, 즉 지식의 습득은 그 확장 과정인 치지를 통해 성의에 이어지고, 실행의 지속적 행위 양식을 통해 수신으로 완성되며, 그것은 다시 유추를 통해 제가의 관건이 되며, 최종적으로 온 세상의 평화와 평등, 이루 설명하기 힘든 경지의 이상 사회를 열어 놓는다. 이는 격물치지라는 교육의 기초 과정, 그 시작에서 치국평천하에 이르는 교육의 응용과 활용, 실천의 완성을 보여준다.

• 표 8조목의 유기체

<table>
<tr><th>구 분</th><th colspan="3">범주 1
[앎·지식]</th><th colspan="3">범주 2
[실행·실천]</th><th colspan="3">범주 3
[유추·응용]</th></tr>
<tr><td>팔조목
(八條目)</td><td colspan="3">격물·치지
(格物·致知)</td><td colspan="3">성의·정심·수신
(誠意·正心·修身)</td><td colspan="3">제가·치국·평천하
(齊家·治國·平天下)</td></tr>
<tr><td rowspan="6">유기체적
교육과정
및
실천양식</td><td>격물
(시작의
단계)</td><td>치지
(완성의
차원)</td><td colspan="2">⇔
관문
관건
계기</td><td colspan="5"></td></tr>
<tr><td colspan="3">기초·바탕 ⇒</td><td>성의
(시작)</td><td>정심
수신
(완성)</td><td colspan="2">⇔
관문
관건
계기</td><td colspan="2"></td></tr>
<tr><td colspan="3" rowspan="3">인식 공부</td><td colspan="3"></td><td colspan="2">제가
(시작)</td><td>치국 평천하
(완성)</td></tr>
<tr><td colspan="6">실천 공부</td></tr>
<tr><td colspan="3">몸
개체
개인</td><td colspan="3">사회
공동체
세상</td></tr>
<tr><td colspan="6">바탕·근본 기초
수기(修己)·수신(修身)·학습(學習)·교육(教育)의 차원
개인적 인격의 조화로운 완성</td><td colspan="3">효험·궁극 목적
치인(治人)·경세(經世)·교화(教化)·정치(政治)의 차원
사회적 책무성과 역할 수행</td></tr>
</table>

Ⅵ. '3강령·8조목'의 교육철학

1. 3강령의 교육원칙

『대학』의 3강령은 얼핏 보면, '명명덕(明明德)-신민(新民)-지어지선(止於至善)'의 세 강령이 독립적인 조목처럼 느껴질 수 있다. 그러나 앞에서 정돈한 것처럼, 세 강령은 하나씩 분석하여 해석했더라도, 유기체적 맥락과 구조로 이해해야 한다. 3강령은 기본적으로 선후(先後)가 있다. 동시에 누적적이고 점층적이며 순차적이다. 마음을 밝히는 일, '명명덕'이 첫 번째이다. 다음으로 명명덕을 바탕으로 백성을 새롭게 하는 신민이다. 그리고 최종적으로 지어지선의 단계에서, 모든 사람이 최고의 인간적 경지, 인간의 윤리[五倫] 실천을 염원한다.

이러한 『대학』의 교육을 설명하는 데, 미국의 교육철학자 듀이(John Dewey, 1859~1952)의 인식을 수용하면서 이해하면 의미가 되살아난다. 듀이는 말한다. "교육적 과정에는 심리학적 측면과 사회학적 측면이라는 두 개의 측면이 있다. 심리학적 측면은 교육적 과정의 기초를 이루고, 아동 자신의 본능과 힘은 모든 교육의 자료이며 출발점이 된다." 여기에서 심리학적 측면은 『대학』의 '명명덕(明明德)'과 놀랄 만큼 유사하다.

명명덕은 자신의 마음을 밝히는 작업으로, 일종의 자기 확인이자 자아실현이며, 크게 보면 자아 개혁의 기초가 된다. 듀이가 말한 심리학적 측면은 개인의 발달에서 보면, "자신의 힘을 일정한 방향으로 이끌어가는 작업이다. 즉 행동이 숙달되는 것, 관심과 흥미, 그리고 관찰과 사고의 대상이 특정한 것에 고정되는 것 등의 습관 형성을 의미한다." 이는 자신의 마음을 밝히는 작업인 명명덕의 미국적 양식이다. 스스로 새로운 자극을 만들어 다시 힘의 방향을 재조정하고 힘을 더 발전시켜 나가며 성장(成長)하는 일이다.

동시에 듀이는 사회적 조건에 관한 지식인 사회적 환경을 제시했다. 이는 의미 맥락상 『대학』의 '신민(新民)과 연결할 수 있는 가능성을 열어놓았다. "현재의 문명 상태에 관한 지식은 아동이 지니고 있는 힘을 올바르게 해석하는 데 필요하다. 아동은 그 자신의 본능과 경향을 지니고 있지만, 우리가 그것을 사회적 맥락에 비추어 해석할 수 있기 전에는 그것이 가지고 있는 의미를 알 수가 없다. 그러기 위해서는 아동의 본능과 경향을 사회에 다시 투입하여 그것을 이전의 인류의 활동의 유산으로 해석할 수 있어야 한다."

'신민'은 다른 사람들에게 끊임없이 자아를 새롭게 갱신(更新)하도록 하는 시도다. 즉 다른 사람에 대한 교육적 혁신을 꾀한다. 그것은 공동체 속에서 살아가는 인간들에게 삶의 기준과 문명에 대한 기초 지식을 제공하는 데서 시작된다. 듀이의 사회적 환경은 개인들의 마음에 행동의 지적·정서적 성향을 형성하고, 개인들이 지니고 있는 특정한 행동을 일으키고 강화하는 활동, 어떤 목적을 가지고 있고 어떤 결과를 초래하는 활동 속에 개인들을 참여시키는 일이다. 즉 개인이 집단의 삶에 참여하는 작업이다. 여기에서 "교육은 개인이 종족의 의식에 참여함으로써 이루어진다."는 유명한 교육신조가 도출된다.

'명명덕'과 '신민'은 '마음을 밝히는 작업'과 '사람을 새롭게 만드는 일'이다. 이는 심리적·사회적 차원에서 인간이 할 수 있는 최상의 실천, 최고선(最高善)이다. 자신을 성찰하여 자신의 존재를 밝히고 성장을 추구하는 명명덕은 신민의 근본이 된다. 신민은 사회적 환경을 조건으로 하여 타자에게로 명명덕의 영향력을 확산하는 작업이다. 자기 갱신은 타인의 갱신에 기여하고, 나와 너, 우리 모두의 혁신을 담보한다. 특히, 지도적 인격을 지닌 존재는 자신의 명덕을 밝힘으로써 타인을 갱신하여 타인들 스스로가 자신의 명덕을 밝힐 수 있게 한다. 이런 작업이 신민이다. 그러기에 명명덕에서 신민에 이르는 단계는 자연스런 연속으로 단절이 없고, 지속적 혁신으로 나아갈 수 있다.

이런 명명덕과 신민의 유기적 연관은 듀이의 언급처럼 "언제나 개인과 그 당시 환경을 구성하는 것과의 사이에 일어나는 거래로 말미암아 성립된다." 듀이는 이를 "경험(經驗)"이라고 명명했는데, 명명덕과 신민은 삶의 전 과정에서 일어나야 할 교육의 원리로서, '경험의 계속적인 재구성'이자 '삶의 과정 자체'다.

여기에서 '삶의 과정 자체'는 교육을 통해 '지어지선'의 일상성과 맞닿기를 갈망한다. 즉 '명명덕'과 '신민'을 일상에서 지속하고 실천하기를 염원한다. 자기를 밝히는 작업과 공동체를 구성하는 타자를 교육하는 일을 유기체로 연결하여 교육의 본질로 삼고, 이를 삶의 과정에서 변주한다. 듀이가 "교육의 심리학적 측면과 사회적 측면은 서로 유기적으로 관련되어 있다"는 표현이 이런 유사성을 뒷받침한다. "교육에서 심리학적 측면과 사회적 측면, 양자 사이의 타협이나 그중의 하나가 다른 하나를 지배하는 것으로 규정되어서는 안 된다. 요컨대 교육을 받은 개인은 사회적 개인이며, 사회는 개인의 유기적인 통합체이다. 그러므로 교육은 아동의 능력과 관심과 습관에 대한 심리학적 통찰로 시작해야 한다. 우리는 그것들을 사회적 맥락에 비추어, 다시 말하면 그것들이 사회에 어떤 봉사를 할 수 있는가 하는 관점에서 해석하지 않으면 안 된다."

'명명덕'이라는 개인 교육적 차원의 자기개혁은 '신민'이라는 타자교육, 즉 공동체 사회를 혁신하는 교육으로 이어진다. 이때 개인과 사회는 일상의 삶에서 하나의 유기적 통합을 이룬다. 따라서 '명명덕-신민-지어지선'은 '개인-사회-일상'에 견주어 볼 수 있다. 그리고 하나로 통합된 원리이면서 다른 차원의 작용을 통해, 인간이 실천해야 할 자기교육의 원리가 된다.

다시 해석하면, 3강령은 인간에게 내재된 도덕 윤리적 생명력이 전면적으로 발현된 것으로 교육자가 실천해야 할 교육의 기본 원리다. 이른바 자기 교육과 타자 교육이 유기적으로 연결되는 교육의 핵심 기제다. 듀이에게로 다시 돌아가면, 그가 언급한 심리학적 측면은 명명덕에 해당한다. 아동의 개인적 발달은 자기교육의 차원에서 이루어진다. 사회학적 측면, 즉 사회적 요건이나 환경은 신민이라는 타자로 향한 관심과 공동체교육의 차원에서 이해된다. 명명덕[심리학적 측면]은 모든 사람들이 자신이 구유한 착한 마음을 인식하고 깨닫고 성찰하는 작업이다. 이는 타인을 교육하기 위한 전제 요건으로, 먼저 자신을 교육하는 일이다. 그리고 사회를 교육하려면 반드시 자신을 먼저 교육하여 세상을 교육할 만한 미덕을 갖추어야 한다. 이를 한 마디로 말하면 '자기교육'이자 '자기수양'이며 자기개혁이다. 신민[사회학적 측면]은 자신을 성찰한 건전한 인격자가 타자를 향해 실천해야 하는 교육적 소명이다. 타자 혁신이자 사회 개조로 이어진다. 그리고 지어지선은 자기교육과 타자교육이라는 신성한 책무를 일상에서 실천하는 교육의 근본 목표이다. 일상에 구가하는 '삶 자체'로 표현할 수 있다.

개인의 심리학적 측면에서 이해할 수 있는 명명덕과 사회학적 측면으로 인식할 수 있는 신민은 모두 최선의 경지에 도달하려는 교육적 노력이다. 생활 자체를 통해 자기개혁과 타자혁신을 꾀하며, 삶을 승화하려는 자강불식(自强不息)의 실천이다. 여기에서 지어지선은 일상의 최선이다. 특별히 독립적인 강령이나 원리가 아니라 명명덕의 지어지선[개인적 발달의 최고선], 신민의 지어지선[사회적 봉사의 최고선]으로 녹아 들어가, 삶의 과정에서 자기교육과 타자교육을 동시에 지향한다. 교육의 본질적 구조에서 명명덕은 기본 원칙이고, 신민은 기본 임무이며, 지어지선은 기본 목적이다. 3강령은 이러한 교육의 원칙과 임무, 목적의 전일적 구성이자 통일적 원리로, 교육의 본질을 보여준다.

• **그림1 3강령과 교육원리**

명명덕(明明德) 개인의 심리학적 발달	수양(修養) 개인교육 자기개혁

⇩

신민(新民) 사회적 환경	교화(敎化) 공동체교육 타자혁신

⇩

명명덕 (明明德) 신민(新民)	지어지선 (止於至善)	일상의 지속 삶의 과정 자체 수양과 교화 (止於至善)
경험의 (끊임없는) 재구성 성장·성숙		

2. 8조목의 교육과정

8조목, '격물(格物)-치지(致知)-성의(誠意)-정심(正心)-수신(修身)-제가(齊

家)-치국(治國)-평천하(平天下)'는 인간의 수양과정이자 교육의 실천 양식이다. 그것은 단계별로 순차적인 과정을 거치거나 점진적으로 이행되는 것처럼 보인다. 그러나 자세히 분석해 보면, 단계와 과정은 점층적인 동시에 누적적이기도 하고, 선후 맥락이 교차하는 유기적 연관 가운데 진행된다. "옛날에 밝은 덕을 세상에 밝히려는 사람은, 먼저 그 나라를 다스리고, 그 나라를 다스리려는 사람은 먼저 그 집안을 가지런히 하며, 그 집안을 가지런히 하려는 사람은 먼저 그 몸을 닦고, 그 몸을 닦으려는 사람은 먼저 그 마음을 바르게 하고, 그 마음을 바르게 하려는 사람은 먼저 그 뜻을 성실하게 하고, 그 뜻을 성실히 하려는 사람은 먼저 그 앎을 지극하게 이루니, 앎을 지극하게 이룸은 사물의 이치를 궁구함에 있다. 사물의 이치가 궁구된 뒤에 앎이 지극해지고, 앎이 지극해진 뒤에 뜻이 성실해지며, 뜻이 성실해진 뒤에 마음이 바르게 되고, 마음이 바르게 된 뒤에 몸이 닦여지고, 몸이 닦여진 뒤에 집안이 가지런해지고, 집안이 가지런해진 뒤에 나라가 다스려지며, 나라가 다스려진 뒤에 온 세상이 화평해진다."

이와 같이 8조목은 학문의 대략적 절차이다. 그것은 평천하(平天下)의 세계 정치를 궁극 목표로 하지만 개인의 수양공부를 근간으로 한다. 이른바 '개인의 수양'과 '공동체의 운용'이 통일체를 이루는 수기치인(修己治人)의 학문 체계를 담고 있다. 수기치인은 한마디로 말하면 유교의 교육 목적이다. 팔조목은 수기치인을 위한 교육의 과정이다. 그렇다면 격물에서 평천하에 이르는 긴 공부의 여정은 각 조목마다 어떤 의미를 담고 있을까?

앞에서 살펴보았듯이, 격물치지는 인간 사회와 사물의 이치를 파악하는 작업이고, 치지는 탐구와 연구를 통해 지식을 최고의 단계로 끌어 올리는 노력이다. 그런 노력 이후에 인간은 교양과 전문 지식을 겸비한다. 이 지점에서 교육과 지식에 대한 화이트헤드(Alfred North Whitehead, 1861~1947)의 언급은 의미심장하다. 그는 "가장 소중한 지적 개발은 자기 능력 개발"이라고 했다. 그것은 격물과 치지를 통해 달성되는 능력과 상통한다. 왜냐하면 격물치지는 유학의 학습 방법인 자발적 노력에 의해 달성되는데, 화이트헤드는 인간의 "정신이란 결코 수동적인 것이 아니고 어디까지나 다양한 자극에 섬세하고 강한 감수성으로 반응하는 끊임없는 활동"으로 보기 때문이다. 또한 교육을 "매분 매시 세밀한 것들을 습득케 하는, 참을성을 필요로 하는 과정"으로 보는 점에서도 격물치지와 유사한 양상을 발견할 수 있다.

격물치지와 유기체를 이루는 성의·정심의 수신 과정과 제가·치국·평천하와 연관해서도 화이트헤드의 견해는 주요한 의미를 전달한다. 성의는 "마음이 펼쳐지는 것을 알차게 하는 작업"이라고 했고, 정심은 "이런 마음이 사물과 마주치더라도 흔들리거나 더럽혀지지 않고 바르게 해나가는 공부"라고 했다. 성의를 거쳐 정심에 이르면 수신은 기초를 형성한다. 굳이 나누어 본다면 "정심은 내면의 올바름을 추구하고 수신은 외면으로 정돈되는 경지"로 이해된다. 또한 제가·치국·평천하의 핵심을 효도와 공손, 사랑, 공경, 구휼 등 혈구(絜矩)의 길로 제시하였다. 자나 컴퍼스와 같이 다양한 각도에서 재어 길이나 넓이를 알 수 있듯이, 혈구의 방법은 나와 타자 사이의 관심과 배려다. 즉 인간 삶에서 최선의 관계망을 형성하는 작업이다. 화이트헤드는 이와 유사한 차원에서 다음과 같이 교육을 설명한다.

"교육의 요체는 관념의 효력, 관념의 아름다움, 관념의 구조에 대한 친근한 감각을 가르쳐주는 것이며, 이것들이 일체가 되어 친근감을 갖는 존재의 삶과 각별한 관계를 갖는 한 개의 지식 체계를 만드는 것이다. 관념들의 구조에 대한 올바른 평가 능력은 일정한 전문적 연구의 영향을 받아서 육성된 풍부한 교양 정신에서 나온다. 내가 여기에서 말하고자 하는 것은 국면 전체를 내다보는 안목이며, 하나의 관념체계와 다른 관념 체계와의 연관성을 포착하는 안목이다. 일정한 전문적인 연구를 하지 않고서는 일반 관념들의 정밀한 정식화에 대해서, 인생을 포괄적으로 이해하는 선상에서 관념들이 수행하는 기능에 대해서 올바르게 평가할 수 있는 능력을 형성하지 못한다. 잘 훈련된 정신은 한층 더 추상적일 수도 있고, 또한 한층 더 구체적일 수도 있다. 이러한 정신은 추상적인 사상의 이해 능력과 구체적인 사실들의 분석 능력을 겸비한 정신이다."

화이트헤드의 언급은 교육이 '각별한 삶'이나 '전문적 연구,' '풍부한 교양,' '전체적 안목,' '연관성,' '인생에 대한 포괄적 이해,' '구체적·추상적 능력' 등과 밀접해야 함을 강조한다. 그것은 격물치지에서부터 평천하 과정을 거쳐 체득되어야 할 지적 체계와 연관된다. 그것이 화이트헤드에게서는 "관념"이 삶으로 흡수되는 작업으로 표현된다. 그렇다고 격물에서 평천하에 이르는 전 과정의 관념이 절대적인 순서나 단계에 의해 진행된다는 의미는 아니다. 그것은 공부법의 앞뒤를 대략적으로 나누어 사람들이 알 수 있도록 지침을 제시한 것일 뿐이다. 조목마다 한 조목의 공부를 끝까지 다한 후에, 다음 공부로 나아가는 데는 한계가 있다. 때로는 다시 뒤로 돌아가서 공부할 수도 있고, 때로는 뛰어 넘을 수도 있다. 학문이나 교육의 단계나 과정에서 팔조목은 그 성격이나 절차상 통과해야 할 관문들이 있을 뿐이다. 아래의 '그림(8조목의 교육과정)'에 제시한 것처럼, 지식의 시작과 끝, 실천의 시작과 끝, 유추와 응용, 개인적 행위와 공동체의 실행, 지식에서 실천에 이르는 문제, 유추에서 실천에 이르는 문제 등 다양한 측면에서 유기적 맥락이 작용하고 있다.

"사물의 이치를 궁구하는 격물은 지식의 시작이고 앎을 지극하게 이루는 치지는 지식의 완성을 의미한다. 뜻을 성실히 하는 성의는 실행의 시작이고 마음을 바르게 하는 정심, 그리고 수신은 실행의 완성이다. 집안을 가지런히 하는 제가는 유추해서 실행하는 일의 시작이고, 나라를 다스리는 치국, 세상을 화평하게 하는 평천하는 유추해서 실행하는 일의 끝이다. 뜻을 성실히 하고 마음을 바르게 하고, 몸을 닦는 일은 개인에게서의 행위이고, 집을 가지런히 하고 나라를 다스리고 천하를 화평하게 함은 나라와 천하, 즉 공동체에서의 실행이다. 알고 실천함은 유추하여 실행함의 근본이고 유추하여 실행함은 알고 실천함의 효험이다."

이는 지식의 습득과 확장, 실천의 방식, 유추를 통한 응용을 유기적으로 보여준다. 지식의 문제는 격물·치지를 통해 진행되고, 실행은 성의·정심·수신에서 이루어진다. 그리고 응용은 제가·치국·평천하에서 달성된다. 인간의 도리를 핵심내용으로 하는 앎의 영역, 즉 지식의 습득은 그 확장 과정인 치지를 통해 성의에 이어지고, 실행의 지속적 행위양식을 통해 수신으로 완성되며, 그것은 다시 유추를 통해 제가의 관건이 되고, 최종적으로 온 세상의 평화와 평등으로 펼쳐진다.

그렇다면, 여덟 개의 조목을 거치면서 교육적으로 어떤 자질과 감각이 갖추어져야 하는가? 화이트헤드의 품격론(品格論)은 『대학』의 교육과정을 통해 수기치인을 이룬 군자(君子)에 견주어 볼 수 있다.

"품격(style)에 대한 감각은 하나의 심미적 감각이며, 간결하고도 낭비가 없는, 예견된 목적을 직접 달성한 것을 감탄하는 경험에 기초를 두고 있는 감각이다. 예술의 품격, 문학의 품격, 과학의 품격, 논리의 품격, 실제적인 솜씨의 품격 등은 모두 기본적으로는 동일한 심미적 특질, 즉 능통한 것과 억제력을 겸비하고 있다. 품격이란 가장 뛰어난 의미에서 교육받은 정신의 최종적인 획득물이다. 그것은 또한 가장 유용한 것이기도 하다. 품격은 존재 전체에 퍼져 있다. 뛰어난 품격에 민감한 관리자는 낭비를 혐오한다. 품격에 대한 감각을 지닌 엔지니어는 재료를 절약한다. 품격에 대한 감각을 가지고 있는 예술가는 걸작을 선호한다. 품격이란 정신의 궁극적 도덕성이다."

품격은 교육받은 인간의 향기다. '격물치지'에서 '치국평천하'에 이르는 교육은 품격으로 살아날 때 의미가 배가된다. 8조목을 지도자적 인격자의 학문 과정, 삶의 여정이라고 한다면, 그 조목들 하나하나는 삶의 기술을 증진시키는 기제이다. 그것은 화이트헤드가 "이성의 기능은 삶의 기술을 증진 시키는 것"과 유사한 양상이다. 그리하여 팔조목을 이성의 기능에 의해 진행되는 교육의 과정으로 이해할 수 있다. 이런 점에서 8조목은 능동적이고 창발적인 교육의 과정이고, 삶의 기술을 승화하는 교육의 실천 양식이다. 화이트헤드가 제의한 테제에 의하면, 그것은 "산다-잘 산다-더 잘 산다"와 유사한 전개과정이며, "생존하는 것-만족스러운 방식으로 생존하는 것-만족의 증가를 획득하는" 삶의 기술 증진 과정이다.

• 그림2 8조목의 교육과정

<table>
<tr><td rowspan="2">앎
(지식/이론)</td><td>시작</td><td>끝</td><td colspan="2" rowspan="2">행위의 예측</td><td colspan="2" rowspan="2">행위의 체득</td><td rowspan="4">근본</td></tr>
<tr><td>격물
(格物)</td><td>치지
(致知)</td></tr>
<tr><td rowspan="2">행위
(실천)</td><td colspan="2" rowspan="2">앎의 체득
행위의 준비</td><td>시작</td><td>끝</td><td colspan="2" rowspan="2">응용의 예측</td></tr>
<tr><td>성의
(誠意)</td><td>정심·수신
(正心·修身)</td></tr>
<tr><td rowspan="2">응용
(유추/적용)</td><td colspan="2" rowspan="2">앎의 성숙</td><td colspan="2" rowspan="2">행위의 체득
응용의 준비</td><td>시작</td><td>끝</td><td rowspan="2">효과</td></tr>
<tr><td>제가
(齊家)</td><td>치국·평천하
(治國·平天下)</td></tr>
<tr><td rowspan="3">삶의 기술</td><td colspan="2">산다</td><td colspan="2">잘 산다</td><td colspan="2">더 잘 산다</td><td rowspan="3">이성의 기능
학습·교육</td></tr>
<tr><td colspan="2">생존</td><td colspan="2">만족스러운 방식의 생존</td><td colspan="2">만족의 증가 획득</td></tr>
<tr><td colspan="6">품격</td></tr>
</table>

3. 『대학』의 현대성

3강령에서 '명명덕(明明德)'은 자기의 마음을 밝히는 성찰이자 깨달음으로 새롭게 거듭나려는 개인교육이고, 수기(修己)의 차원에서 읽을 수 있다. '신민(新民)'은 타자를 다스리고 교육하는 치인(治人)에 해당하면서도, 그 궁극은 스스로 새로움을 추구하는 자기개혁 또는 자기수양이다. '지어지선(止於至善)'은 명명덕과 신민의 실천, 그 최고선의 경지에 멈추어 옮기지 않는 작업이다. 이는 듀이의 심리학적 차원과 사회학적 차원, 삶의 과정 및 성장, 경험의 재구성 등과 연계하여 이해할 수 있다.

8조목에서 '격물치지(格物致知)'는 '사물의 이치에 샅샅이 캐물어 궁극까지 이르는 것,' 각각의 사물에 따라 그 사물의 이치를 탐구하고, 그런 이치의 핵심을 파악하는 연구행위였고, '성의(誠意)'는 마음이 펼쳐지는 것을 알차게 하는 작업이다. '정심(正心)'은 이런 마음이 사물과 마주치더라도 흔들리거나 더럽혀지지 않고 바르게 해나가는 공부이고, '수신(修身)'의 기초가 된다. 이런 수신이 바탕이 되어 '제가(齊家)-치국(治國)-평천하(平天下)'라는 '치인(治人)'의 실천과 응용이 가능하다. 이는 화이트헤드가 제시한 교육의 요체에 비견해 볼 때, 품격과 이성의 기능, 삶의 기술 증진으로 해석할 수 있다.

특히, 이런 3강령과 8조목은 독립된 개념이라기보다는 유기체의 구조로 연결되어 교육의 원리와 과정, 그리고 실천적 성격을 드러낸다. 즉 3강령의 '명명덕-신민-지어지선'에서 '지어지선'은 '명명덕'과 '신민'으로 녹아 들어가서 개인교육과 공동체교육의 중심에 자리한다. 그것은 하나의 교육 유기체로 교육의 본질과 이상, 원리의 모범이 된다. 8조목은 교육의 유기체적 과정으로 삶의 기술을 증진하는 데 능동적으로 작용한다.

총괄컨대, 『대학』의 3강령 8조목은 현대 교육철학적 관점에서 이해하면, 교육의 전 체계를 구조화한 하나의 '교육지침(教育指針)'이자 '교육지도(教育地圖)'다. 그것은 개인교육과 공동체교육이라는 개인과 사회의 유기적 특성을 지시하고 있고, 끊임없이 삶의 기술을 증진할 수 있는 과정과 실천 방법을 제공한다. 듀이의 개념으로 본다면 원리적 측면에서 '성장(成長)'이나 '성숙(成熟)' 또는 '경험의 재구성'으로 표현할 수 있고, 화이트헤드의 사고를 빌리면, '품격(品格)'과 '삶의 기술을 확보하려는 자기노력'이다.

• 그림 3 『대학』의 3강령 8조목 교육체계

<table>
<tr><td>개념
(조목)</td><td colspan="3">지어지선(止於至善)
일상의 생활 세계
지속적 자기 학습
성장·경험의 재구성</td><td rowspan="5">지어지선
(止於至善)

평생학습

생활자체</td></tr>
<tr><td>3강령</td><td>명명덕(明明德)
개인 교육
심리적 차원
자기개혁</td><td>← (유기체) →</td><td>신민(新民)
공동체 교육
사회적 차원
사회혁신</td></tr>
<tr><td>8조목</td><td>격물치지(格物致知)
성의정심(誠意正心)
조사
연구
탐구
목표
소명의식</td><td>수신(修身)
자기 노력</td><td>제가치국평천하
(齊家治國平天下)
봉사
기여
배려</td></tr>
<tr><td rowspan="2">발현 양식</td><td>내면화</td><td>← (유기체) →</td><td>외면화</td></tr>
<tr><td colspan="3">교양·품격·삶의 기술</td></tr>
</table>

약력

신창호(申昌鎬)

현) 고려대학교 교수

학력

고려대학교 학사(교육학/철학)
한국학중앙연구원 한국학대학원 석사(철학)
고려대학교 일반대학원 박사(교육사철학)

경력

경희대학교 교육대학원 교수
고려대학교 입학사정관실 실장/교양교육실 실장/교육문제연구소 소장/평생교육원 원장
율곡학회 교육분과위원장
한국교육사학회 편집위원장
한국교육철학학회 회장
한중철학회 회장
아람청소년센터 이사
독서문화연구원 부설연구소 소장

주요 논저

중용 교육사상의 현대적 조명(박사논문)
수기, 유가 교육철학의 핵심
유교의 교육학 체계
한글 사서(대학/논어/맹자-중용)
논어집주상설(전10권)/대학장구상설(전3권) 외 다수

서구로 간 유학 경전 3 – 구홍밍(辜鴻銘)의 영역(英譯) 『대학』

『대학』의 신기원

– 전통유학의 '고등교육' 원리 –

초판발행 2021년 1월 5일

지은이 신창호
펴낸이 노 현

편 집 문선미
기획/마케팅 노 현
디자인 BEN STORY
제 작 고철민·조영환

펴낸곳 (주) 피와이메이트
서울특별시 금천구 가산디지털2로 53 한라시그마밸리 210호(가산동)
등록 2014. 2. 12. 제2018-000080호
전 화 02)733-6771
f a x 02)736-4818
e-mail pys@pybook.co.kr
homepage www.pybook.co.kr
ISBN 979-11-6519-123-8 93140

정 가 12,000원